The
LITTLE
BLACK
SONGBOOK

CAT
STEVENS

Order

Edited by

Music arranged by Am

James Dean

Music processed by Paul Ewers Music Design.

Cover photograph courtesy of LFI.

Printed in the EU.

ISBN: 978-1-84772-011-5

HAL•LEONARD®

Visit Hal Leonard Online at
www.halleonard.com

Contact us:
Hal Leonard
7777 West Bluemound Road
Milwaukee, WI 53213
Email: info@halleonard.com

In Europe, contact:
Hal Leonard Europe Limited
42 Wigmore Street
Marylebone, London, W1U 2RY
Email: info@halleonardeurope.com

In Australia, contact:
Hal Leonard Australia Pty. Ltd.
4 Lentara Court
Cheltenham, Victoria, 3192 Australia
Email: info@halleonard.com.au

Relative Tuning

The guitar can be tuned with the aid of pitch pipes or dedicated electronic guitar tuners which are available through your local music dealer. If you do not have a tuning device, you can use relative tuning. Estimate the pitch of the 6th string as near as possible to E or at least a comfortable pitch (not too high, as you might break other strings in tuning up). Then, while checking the various positions on the diagram, place a finger from your left hand on the:

5th fret of the E or 6th string and **tune the open A** (or 5th string) to the note (A)

5th fret of the A or 5th string and **tune the open D** (or 4th string) to the note (D)

5th fret of the D or 4th string and **tune the open G** (or 3rd string) to the note (G)

4th fret of the G or 3rd string and **tune the open B** (or 2nd string) to the note (B)

5th fret of the B or 2nd string and **tune the open E** (or 1st string) to the note (E)

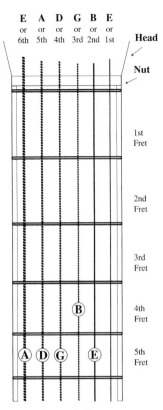

Reading Chord Boxes

Chord boxes are diagrams of the guitar neck viewed head upwards, face on as illustrated. The top horizontal line is the nut, unless a higher fret number is indicated, the others are the frets.

The vertical lines are the strings, starting from E (or 6th) on the left to E (or 1st) on the right.

The black dots indicate where to place your fingers.

Strings marked with an O are played open, not fretted. Strings marked with an X should not be played.

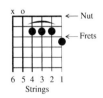

The curved bracket indicates a 'barre' - hold down the strings under the bracket with your first finger, using your other fingers to fret the remaining notes.

Angelsea

Words & Music by
Cat Stevens

D	C	G

Intro

G C	D CD	G C	D CD
G C	D CD	G C	D CD
G C	D CD	G C	D CD

Verse 1

```
      G      D      C     D C D
She moves like an angel
      G      D      C     D C D
And seven evening stars
G      D         C
Dance through the window
      G     D      C     D C D
Of her uni - versal house,
      G     D      C     D C
Of her uni - versal house.
```

Link

G C	D C D	G C	D C D
G C	D C D	G C	D C D
G C	D C D	G C	D C D

Verse 2

```
G      D      C   D C D
Her voice a cry - stal echo
G      D      C    D C D
Lies humming in your soul
G      D      C     D C D
So patiently awaiting
G      D      C     D C D
For your ears to behold,
G      D      C     D C D
For your ears to behold.
```

Chorus 1
Ad lib. Vocals

| G | D | C | D C D |
| G | D | C | D C D |

| G | D | C | D C D |

| G | D | C | D C D |

Verse 3

     G   D   C   D C D
She ripples on the water

        G   D   C   D C D
Leaves diamonds on the shore

   G   D   C   D C D
And fish from every distance

   G   D   C   D C D
Watch her ocean cellar door.

    G   D   C   D C D
Her breath a warm fire

  G   D   C   D C D
In every lovers heart

 G   D   C   D C D
A mistress to mag - icians

    G   D   C   D C D
And a dancer to the gods,

    G   D   C   D C D
And a dancer to the gods.

Link

‖ G D C | D C D ‖

Instr.

| G C | D | G C | D |

| G C | D | G D C | D C D |

| G D C | D C D ‖

Chorus 2
Ad lib. Vocals

| G | D | C | D C D |

| G | D | C | D C D |

| G | D | C | D C D |

| G | D | C | D C D |

9

Verse 4

     G   **D**   **C** **D C D**
Her clothes are made of rainbows

      G   **D**   **C**   **D C D**
And twenty thousand tears

G **D**   **C**   **D C D**
Shine through the spaces

     G   **D** **C** **D C D**
Of her golden ochre hair

        G   **D** **C** **D C D**
Yes, of her golden ochre hair.

Verse 5

G   **D**   **C** **D C D**
Ooh my babe I want you

    G   **D** **C**   **D C D**
And on my life I swear

   G   **D** **C** **D C D**
My conscience will I follow you forever

     G   **D**   **C** **D C D**
If you meet me every - where,

     G   **D** **C** **D C D**
Yes if you, if you meet me everywhere

Link   ‖ **G D C** | **D C D** ‖

Chorus 2 **G** **D** **C** **D C D**
Ad lib. Vocals

       G **D** **C** **D C D**

       G **D** **C** **D C D**

       G **D** **C** **D C D**

Verse 6   As Verse 1

Outro   ‖: **G D C** | **D C D** :‖ *Repeat to fade*

10

The Artist

Music by
Cat Stevens

E A D Em⁷♭⁵ G Bm Gm/B♭

F♯m Dsus⁴ A⁷sus⁴ A⁷ D¹¹ D/C E/G♯

Capo second fret

Intro (organ) | E | A | D | D ‖

(Guitar) | A | A | A | A ‖

Main Section | A | A | D | D¹¹ |
La, la, la (etc)
| G | Em | A | A ‖

| A | A⁷ | D | D¹¹ |

| G | Em | A ‖

Bridge | D D/C | G | Em | C | A |

| D | D¹¹ | D | D | D ‖ N.C.

Coda | D | C | Bm | Gm/B♭ |

| D/A | E/G♯ | A | A ‖

| D | C | Bm | Gm/B♭ |

| Bm F♯m | F♯m | A⁷sus⁴ | A ‖

| D | C | Bm | Gm/B♭ |

| B♭ | D/A | E/G♯ | A⁷sus⁴ | D ‖

Baby Get Your Head Screwed On

Words & Music by
Cat Stevens

Capo second fret

Intro ‖ Am E ‖ Am E ‖ Am E ‖ Am E ‖ Am E

	Bm E Bm E
Verse 1	Well if you're feelin' low, take it slow
	Bm E Bm E
	Baby get your head screwed on
	Am D Am D
	I know he's left——— but don't be depressed
	Am D Am D
	Baby let your favourite daddy see you through

	C F Fsus⁴ F
Chorus 2	Oh baby you'll be out of your mind,
	C F Fsus⁴ F
	Baby you'll be out of your mind,
	C D
	Baby you'll be out of your mind.

	Bm E Bm E
Verse 2	You know you're nice, you're sugar and spice
	Bm E Bm E
	And I know what you're going through
	Am D Am D
	And if you're hot HOT, and even if you're not
	Am D Am D
	Baby let your favourite daddy see you through

Chorus 2

      C   F   Fsus4 F
Oh baby you'll be out of your mind,

C   F   Fsus4 F
Baby you'll be out of your mind,

C   D | E♭ E ‖
Baby you'll be out of your mind.

Middle 8

F   E♭   F   E♭
You were so neat, ever so sweet,

     F   E♭   F   E♭
And overnight you've seemed to change

        B♭   A♭   B♭   A♭
Since you kissed——your psychiatrist

B♭   A♭   B♭ A♭ B♭m ‖
Baby, you've never been the same.

Instr.

| B♭m E♭ | B♭m E♭ | B♭m E♭ | B♭m E♭ ‖

| B♭m E♭ ‖ Bm E ‖ Bm E |

**Verse 1
(Reprise)**

          Bm   E Bm   E
Well if you're feelin' low, take it slow

Bm   E   Bm   E
Baby get your head screwed on

        Am D   Am   D
I know he's left—— but don't be depressed

Am   D   Am   D
Baby let your favourite daddy see you through

Chorus 3

      C   F   Fsus4 F
Oh baby you'll be out of your mind,

C   F   Fsus4 F
Baby you'll be out of your mind,

C   D
Baby you'll be out of your mind.

Instr.

| Bm E | Bm E ‖

Back To The Good Old Times

Words & Music by
Cat Stevens

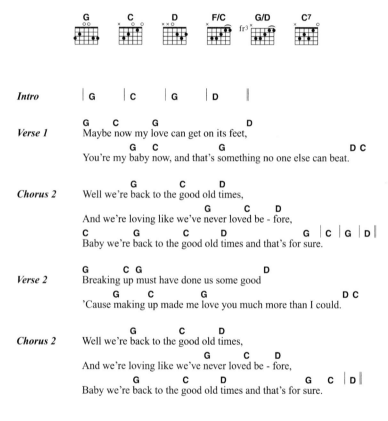

Intro | G | C | G | D ‖

Verse 1
G   C   G   D
Maybe now my love can get on its feet,
                    G   C   G   D C
You're my baby now, and that's something no one else can beat.

Chorus 2
                        G   C   D
Well we're back to the good old times,
                                    G   C   D
And we're loving like we've never loved be - fore,
C   G   C   D   G | C | G | D ‖
Baby we're back to the good old times and that's for sure.

Verse 2
G   C G   D
Breaking up must have done us some good
              G   C   G   D C
'Cause making up made me love you much more than I could.

Chorus 2
                        G   C   D
Well we're back to the good old times,
                                    G   C   D
And we're loving like we've never loved be - fore,
              G   C   D   G   C | D ‖
Baby we're back to the good old times and that's for sure.

Instr. | F/C G/D F/C G/D | C C⁷ | F/C G/D F/C G/D | D |

| F/C G/D F/C G/D | C C⁷ | F/C G/D F/C G/D | D | | D |

Verse 3
```
G        C    G                   D
Kiss me now, just like you used to do
        G      C      G               D C
And this is how I'll tell if you love me too.
```

Chorus 3   As Chorus 2

Outro
```
              G              C          D
Well we're loving like we've never loved be - fore
            G          C      D
You keep on loving and we'll never go wrong.
C           G              C              D
Baby we're loving like we've never loved be - fore
            G          C      D
You keep on loving and we'll never go wrong.
              G              C          D
Yes, we're loving like we've never loved be - fore
            G          C      D
You keep on loving and we'll never go wrong.
              G              C          D
Baby we're loving like we've never loved be - fore
            G          C      D
You keep on loving and we'll never go wrong.
```

Fade out

Bad Brakes

Words & Music by
Cat Stevens & Alun Davies

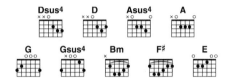

Intro

| Dsus⁴ D | Dsus⁴ D | Dsus⁴ D |

| Dsus⁴ D | Dsus⁴ D | Dsus⁴ D ‖

Chorus 1

Asus⁴ A   Asus⁴   A
Bad   brakes whole car shakes

Gsus⁴   G   E
Looks like I'm heading for a breakdown

Asus⁴ A   Asus⁴   A
Black   smoke engine be - ginning to choke

Gsus⁴   G   E
I must be head - ing for a break - down.

Verse 1

Bm   G
  I pulled up for a mouth of coca-cola

A   F♯
Down at Samuel's café,

Bm   G
Saw a little Spanish lady coming over

A   E
Said, "Lady are you going my way?" she said, "O-lay."

Chorus 2

Asus⁴ A   Asus⁴   A
Bad   brakes carburettor shakes

Gsus⁴   G   E
Looks like I'm heading for a breakdown

Asus⁴ A   Asus⁴   A
Black   smoke engine beginning to choke

Gsus⁴   G   E
We must be head - ing for a break - down.

Verse 2

Bm   G
  We hit the road at 90 miles an hour

A F♯
  Heading for 'Frisco Bay

Bm   G
She said "Señor you got cop on your shoulder"

A   E
I said, "Oh, now we'd better not stay

(E)
We got to get away with our…

Chorus 3

Asus⁴ A   Asus⁴   A
Bad   brakes carburettor shakes

Gsus⁴   G   E
Looks like I'm heading for a breakdown.

Instr.

| Dsus⁴ D | Dsus⁴ D | Dsus⁴ D |

| Dsus⁴ D | Dsus⁴ D | Dsus⁴ D ‖

| Asus⁴ A | Asus⁴ A |
(Black Smoke——)
| Gsus⁴ G | E   ‖

Verse 3

Bm   **G**
He was catching up, nose right inside our mirror

A   **F#**
  When the motor blowed

Bm   **G**
  We climbed out and she began to shiver

A   **E**
Oh no sir please let us go

He said "Don't you know you got…

Chorus 4

Asus⁴ A   Asus⁴   A
Bad   brakes carburettor shakes

Gsus⁴   G   E
Looks like you bought yourself a breakdown

Asus⁴ A   Asus⁴   A
Black   smoke engine beginning to choke

Gsus⁴ G   E
  And you've got yourself a breakdown

Asus⁴ A   Asus⁴   A
Bad   brakes, engine beginning to shake

Gsus⁴   G   E
Looks like you bought yourself a breakdown

Asus⁴ A   Asus⁴   A
Black   smoke engine beginning to choke

Gsus⁴   G   E
And you've got yourself a breakdown.

Outro

| **Dsus⁴ D** | **Dsus⁴ D** | **Dsus⁴ D** |

| **Dsus⁴ D** | **Dsus⁴ D** | **Dsus⁴ D** ‖

| **Asus⁴ A** | **Asus⁴ A** | **Gsus⁴ G** | **E**   ‖

A Bad Night

Words & Music by
Cat Stevens

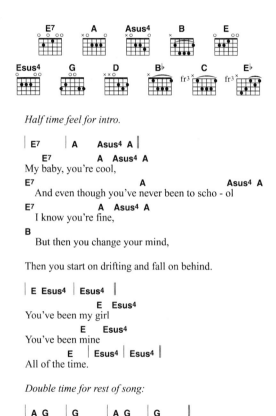

Half time feel for intro.

Intro | E⁷ | A Asus⁴ A ‖

E⁷   A Asus⁴ A
My baby, you're cool,

E⁷   A   Asus⁴ A
   And even though you've never been to scho - ol

E⁷   A Asus⁴ A
   I know you're fine,

B
   But then you change your mind,

Then you start on drifting and fall on behind.

| E Esus⁴ | Esus⁴ ‖

              E   Esus⁴
You've been my girl

            E   Esus⁴
You've been mine

            E | Esus⁴ | Esus⁴ ‖
All of the time.

Double time for rest of song:

Link 1 | A G | G | A G | G ‖

Chorus 1

```
            A     G
A bad night,

        A     G      A     G
It's gonna be a bad night,

      A      G
I guaran - tee,

       E
To - night

D                A     G
I'll have a bad night,

      A      G
I know I shall.
```

Verse 1

```
              A          E              G
Ah, 'cause you left me waiting in the corner

          D              A          E       G   D
And I  know you're never gonna come back for me

          B♭                C
And though you said you loved me

          E♭             E           A
And said you needed all of my love

          G     A      G
A bad, bad, bad, bad, bad night

              A   G │ A  G │ E    │ E      ‖
It's gonna be.
```

Chorus 2

As Chorus 1

Verse 2

```
A            E          G        D
Maybe if the weather was just a little better

   A           E           G   D
It might not have happened that way

B♭           C         E♭        E    A
But the situ - ation was gettin' pretty bad, bad

        G     A     G
A bad bad bad bad bad night

              A   G │ A  G │ E    │ E     ‖
It's gonna be.
```

Link 2

D G	D C	D G	D C
D G	D C	D G	D
C	G	A	A
G	G

Chorus 3

     A   **G**
A bad night

   A   **G**   **A**   **G**
It's gonna be a bad night

  A   **G**
I guaran - tee

    E
To - night

D   **A**   **G**
I'll have A bad night,

  A   **G**
I know I shall,

  A   **G**
I know I shall.

Outro   7/4

| E7 | E7 | E7 | E7 |
| E7 | E7 | E7 | E7 |
| E7 | E7 | E7 | E7 | *Fade out*

21

A Bad Penny

Words & Music by
Cat Stevens

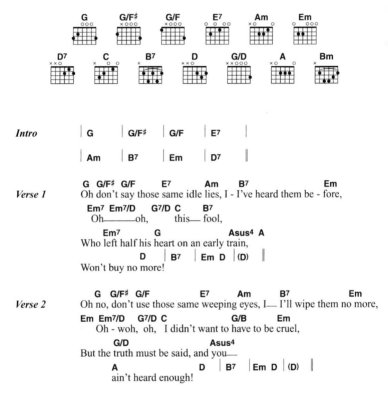

Intro | G | G/F♯ | G/F | E7 |

| Am | B7 | Em | D7 ‖

Verse 1

G G/F♯ G/F   E7   Am   B7   Em
Oh don't say those same idle lies, I - I've heard them be - fore,

Em7 Em7/D   G7/D C   B7
Oh———oh,   this— fool,

Em7   G   Asus4 A
Who left half his heart on an early train,

              D | B7 | Em D | (D) ‖
Won't buy no more!

Verse 2

         G   G/F♯ G/F   E7   Am   B7   Em
Oh no, don't use those same weeping eyes, I— I'll wipe them no more,

Em Em7/D   G7/D C   G/B   Em
   Oh - woh, oh, I didn't want to have to be cruel,

      G/D   Asus4
But the truth must be said, and you—

         A   D | B7 | Em D | (D) ‖
ain't heard enough!

Bridge 1

        Am   C
Oh it was not so long a - go

          Am   C
Since you wandered out of here,

         Am   D   Am   C
To be - come a silver model of a city on the air,

        Am   C   Am   C
So don't choke me with your lies, 'cause this man has open eyes,

       G G/F♯ G/F E⁷   Am
And I can see,   I can see— I can tell.

    B⁷   Em   G⁷/D C | D Bm |
Oh-oh, oh-oh, mmm, mmm, mmm!

Instr.

| Em | G/D | A | A |

| D | B⁷ | Em D | D   ‖

Bridge 2

     Bm   Em   D⁷   C   Bm
Ha! I had it e - nough all those sneaky bars and smart parties,

        Em   D   C
Had e - nough, all those sweet friends and lovers,

    B⁷   Em   D   C
I-I-I've, I've had it e - nough, all those lonely rooms and blank faces,

B⁷   Em   G/D D   G/D D G/D D
  I've had e - nough, and I want you— I want you no more,

G/D D   G/D D G/D D C | G/B | Am | D⁷ ‖
I want you... I want you no more, oh.—

Verse 3

     G G/F♯ G/F   E⁷   Am   B⁷   Em
Oh no, don't say those same idle lies, I... I've heard them be - fore,

Em⁷ Em⁷/D G⁷/D C   G/B   Em
  Oh.....oh,   this..... fool,

       G/D   Asus⁴ A
Who left half his heart on an early train,

             D | B⁷ | Em D | (D) ‖
Won't buy no more!

Outro

| G | G⁷ | C/E G | Am | D | E |

| E⁷/D | A/C♯ | E | B⁷ | B⁷ | F |

| F | F G | C | G/B | Am | D |

| Am | G   ‖

Banapple Gas

Words & Music by
Cat Stevens

G   E   D   A   Asus⁴   Bm   C♯m   F♯m

Intro

      G   D   A   Asus⁴ A
Yea yea yea yea yea,
      G   D   A
Yea yea yea yea yea,
      G   D   E A   Asus⁴ A
Yea yea yea yea eee aha,
      G   D   A
Yea yea yea yea yea.

Chorus 1

          D   E   A
Banapple gas, oh Banapple gas
                 D   E   A
Everybody's sniffing it Banapple gas,
         D E A
O-o ooo, the best!
                D   E   A
All the world is stuck on it, Banapple gas.

Instr. 1

| A | D | A | |
| E | A | E | |

Verse 1

      A   E   A
Does it do you good, make you better?

E   A   E   A
  Set you healthy when you're bed-tied?

G   Bm   G   D
Well I don't know, if it makes you well

G   D
But it must be healthy

     E   A
'Cause it don't smell.

Chorus 2

        D   E   A
Banapple gas, oh Banapple gas,

           D   E   A
Everybody's living on Banapple gas,

     D E A
O-o ooo, the best!

              D   E   A
All the world is grooving on Banapple gas.

Instr. 2

| A | | D | | A | | |
| E | | A | | E | | ‖ |

Verse 2

                A   E A
Do you know what goes inside, to make it?

E   A   E   A
What kind of strange spice makes it right?

G   Bm G   D
  Well I don't know, what kind of spice

     G   D   E   A
But, must be healthy 'cause it's stere - lized.

Chorus 3

        D   C♯m   F♯m   E
Banapple gas   Banapple gas

D E   C♯m   F♯m   E
    Give me more Banapple gas

D
O-o——— o-o-o-o

Instr. 3

| E | | A | | E | | A | ‖ |

Verse 3

   E   A   E   A
Does it help you smile more to wake up?

   E   A   E A
Make you happy just to be alive?

   G   Bm G   D
Well I don't know if it makes you happy

     G   D   E   A
But must be healthy 'cause it's certi - fied.

Chorus 4

            D   E   A
Banapple gas, oh Banapple gas

               D   E   A
Everybody's breathing Banapple gas,

   D E   A
O-o ooo the best!

                D   E
No one knows what's inside it

       D   E   A
Banapple gas   Oh Banapple gas.

Outro

| D | A | E | A |

   G   Bm   A   Asus4 A
  Yea yea yea yea yea,

   G   Bm   A
Yea yea yea yea yea,

   G   Bm   E
Yea yea yea yea.

Bitterblue

Words & Music by
Cat Stevens

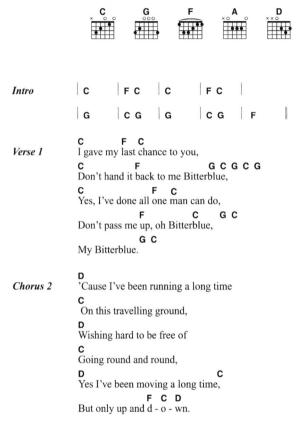

Intro　　| C 　　| F C 　　| C 　　| F C 　　|

　　　　　　| G 　　| C G 　　| G 　　| C G 　| F 　　||

Verse 1
```
      C           F   C
I gave my last chance to you,
      C              F                  G C G C G
Don't hand it back to me Bitterblue,
      C               F     C
Yes, I've done all one man can do,
               F           C       G C
Don't pass me up, oh Bitterblue,
               G C
My Bitterblue.
```

Chorus 2
```
      D
'Cause I've been running a long time
      C
 On this travelling ground,
      D
Wishing hard to be free of
      C
Going round and round,
      D                        C
Yes I've been moving a long time,
               F   C   D
But only up and d - o - wn.
```

Verse 2

```
C            F   C
I gave my last hope to you,
C                  F              G C G
Don't have it back to me Bitterblue,
                 C  G
My Bitterblue.
C         F       C
I've done all one man can do,
C                F C      G C G
Please help me lose this Bitterblue,
              G C
My Bitterblue.
```

Chorus 2

```
D
'Cause I've been waiting a long time
C
Aeons been and gone,
D
Looking at the horizon
C
For my light to dawn.
D
Oh yes, I've been living a long time,
C              F C  D
Looking on and on.
```

Instr.

C	F C	C	F C
G	C G	G	C G
C	F C	C	F C
A	D A	A	D A

Chorus 3

D
I've been running a long time
C
Summers come and gone,
D
Drifting under the dream clouds
C
Past the broken sun,
D
Yes I've been living a long time
C   **F**   **C** **D**
To be back bey - o - nd.

Verse 3

C   **F**   **C**
I gave my last chance to you,
C   **F**   **G C G C G**
Don't hand it back to me Bitterblue,
C   **F**   **C**
Yes, I've done all one man can do,
**   F**   **C**   **A D**
Don't pass me up oh Bitterblue,
**   A D A D A D A D A**
My Bitterblue
C   **F**
  I gave my last chance to you,
C   **F**   **C**   **A**
Don't hand it back to me Bitterblue.

The Beloved

Words & Music by
Yusuf Islam

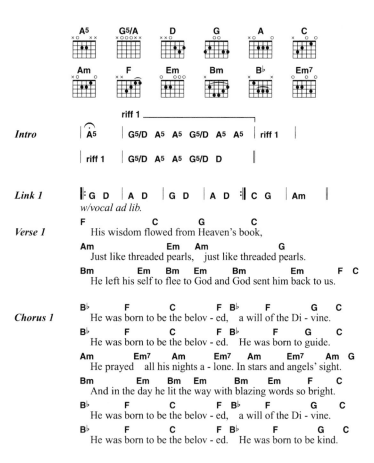

Intro

riff 1 ⌒
| A5 | G5/D A5 A5 G5/D A5 A5 | riff 1 |

| riff 1 | G5/D A5 A5 G5/D D ‖

Link 1

‖: G D | A D | G D | A D :‖ C G | Am ‖
w/vocal ad lib.

Verse 1

F   C   G   C
His wisdom flowed from Heaven's book,

Am   Em   Am   G
Just like threaded pearls,   just like threaded pearls.

Bm   Em   Bm   Em   Bm   Em   F C
He left his self to flee to God and God sent him back to us.

Chorus 1

B♭   F   C   F B♭   F   G   C
He was born to be the belov - ed, a will of the Di - vine.

B♭   F   C   F B♭   F   G   C
He was born to be the belov - ed. He was born to guide.

Am   Em7   Am   Em7   Am   Em7   Am G
He prayed all his nights a - lone. In stars and angels' sight.

Bm   Em   Bm Em   Bm   Em   F C
And in the day he lit the way with blazing words so bright.

B♭   F   C   F B♭   F   G   C
He was born to be the belov - ed, a will of the Di - vine.

B♭   F   C   F B♭   F   G   C
He was born to be the belov - ed. He was born to be kind.

Link 2   As Link 1

Verse 2

F   C   G   C
He taught the people to worship,

Am   Em Am   G
Bowing to one God.   Bowing to one God.

Bm   Em   Bm   Em   Bm
His mercy stretched from East to West to ev'ry man,

Em   F   C
Woman and child.

Chorus 2

B♭   F   C   F B♭   F   G   C
He was born to be the belov - ed,   a will of the Di - vine.

B♭   F   C   F B♭   F   G   C
He was born to be the belov - ed.   Nature sublime.

Am   Em7   Am   Em7
He opened up the doors of love

   Am   Em7   Am   G
For ev'ry heart parched with thirst.

Bm   Em   Bm   Em   Bm   Em F C
He was a mercy to   the worlds and unto the uni - verse.

B♭   F   C   F B♭   F   G   C
He was born to be the belov - ed,   a will of the Di - vine.

B♭ F   C   F B♭   F   G   C
He was born to be the belov - ed.   He was born to guide.

Outro   ‖: G D | A D | G D | A D :‖ *Repeat to fade*
                w/vocal ad lib.

Blackness Of The Night

Words & Music by
Cat Stevens

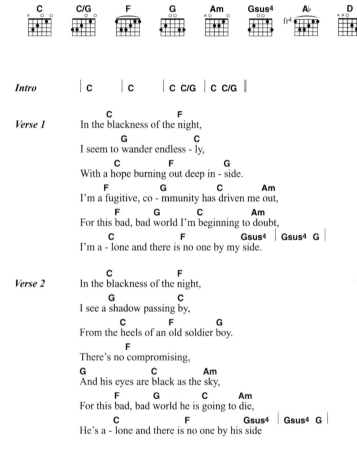

Intro | C | C | C C/G | C C/G ||

Verse 1
          C   F
In the blackness of the night,
          G   C
I seem to wander endless - ly,
        C   F   G
With a hope burning out deep in - side.
     F   G   Am
I'm a fugitive, co - mmunity has driven me out,
     F   G   C   Am
For this bad, bad world I'm beginning to doubt,
       C   F   Gsus4 | Gsus4 G |
I'm a - lone and there is no one by my side.

Verse 2
          C   F
In the blackness of the night,
          G   C
I see a shadow passing by,
        C   F   G
From the heels of an old soldier boy.
          F
There's no compromising,
G   C   Am
And his eyes are black as the sky,
     F   G   C   Am
For this bad, bad world he is going to die,
       C   F   Gsus4 | Gsus4 G |
He's a - lone and there is no one by his side

Verse 3

        C   **F**
In the blackness of the night,

       G   **C**
I see a sparkle of a star,

        C   **F**   **G**
From the sweet silver tear of a child.

       F   **G**   **C**   **Am**
And she's clutching at a photograph of long, long a - go,

      F   **G**   **C**   **Am**
When her parents were happy she was too young to know,

      C   **F**   **Gsus⁴** | **Gsus⁴ G** |
She's a - lone and there is no one by her side.

Interlude

C	**F**	**G**	**C**	
C	**F**	**G**	**G**	
F	**G**	**C**	**Am**	
F	**G**	**C**	**Am** ‖

      C   **F**   **Gsus⁴** | **Gsus⁴ G** |
I'm a - lone and there is no one by my side

Verse 4

       C   **F**
In the blackness of the night,

      G   **C**
I seem to wander endless - ly,

      C   **F**   **G**
With a hope burning out deep in - side.

     F   **G**   **C**   **Am**
I'm a fugitive, co - mmunity has driven me out,

     F   **G**   **C**   **Am**
For this bad, bad world I'm be - ginning to doubt,

      C   **F**   **Gsus⁴** | **Gsus⁴ G** |
I'm a - lone, and there is no one by my side.

| **C** | **A♭** | **F** | **Am** | **D** ‖

Bonfire

Words & Music by
Cat Stevens

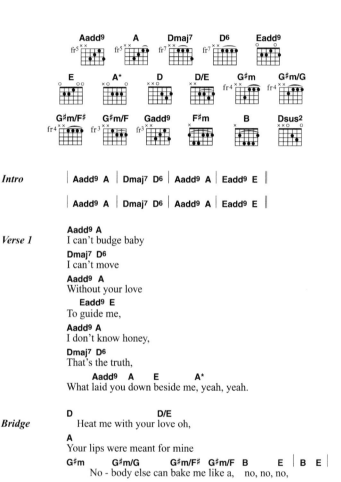

Intro

| Aadd9 A | Dmaj7 D6 | Aadd9 A | Eadd9 E ‖

| Aadd9 A | Dmaj7 D6 | Aadd9 A | Eadd9 E ‖

Verse 1

Aadd9 A
I can't budge baby

Dmaj7 D6
I can't move

Aadd9 A
Without your love

  Eadd9 E
To guide me,

Aadd9 A
I don't know honey,

Dmaj7 D6
That's the truth,

     Aadd9   A   E   A*
What laid you down beside me, yeah, yeah.

Bridge

D   **D/E**
  Heat me with your love oh,

A
Your lips were meant for mine

G♯m   **G♯m/G**   **G♯m/F♯ G♯m/F B**   **E** | **B E** |
  No - body else can bake me like a,   no, no, no,

Chorus 1

```
        A*    E         D                    E
Like a Bon - fire, your love is like a bon - fire,
A*      E          Dsus2 D
Burning deep with - in me
        D     E     A          E              D
Now some folks said it's no good to smoke in bed,
A        E           F♯m        E        F♯m
   Ummm, but I just turn off my ears and I jump into the fire again.
```

Link 1

```
| Aadd9 A | Dmaj7 D6 | Aadd9 A | Eadd9 E ‖
```

Verse 2

```
Aadd9 A
I feel so weak, yeah,
Dmaj7 D6
I can't sleep
Aadd9      A        Eadd9  E
Without you there to hold me,
Aadd9  A
Promise me
          Dmaj7 D6
You won't ever    leave,
      Aadd9  A     E     A*
Or I would die so cold - ly, yeah, yeah.
```

Bridge 2

```
D                   E/D
Kiss me with your eyes, ah,
A
   Please don't let it rain
G♯m       G♯m/G  G♯m/F♯  G♯m/F
   Don't kick no dust     on my
```

Chorus 2

```
A*    E         D                    A
Bon - fire, your love is like a bon - fire,
A*      E          Dsus2 D
Burning deep with - in me
     D E  A         D              E
Now it just grows, no matter where the wind blows
A      E               F♯m                E
Yeah___ but since you touched me I can't hide it
F♯m                          Gadd9
I've been so delighted with you.
```

Instr. | Aadd⁹ A | Dmaj⁷ D⁶ | Aadd⁹ A | Eadd⁹ E |

            | Aadd⁹ A | Dmaj⁷ D⁶ | Aadd⁹ A | Eadd⁹ E ‖

            D   **D/E**
Bridge   Heat me with your love,

            A
            You opened up my heart,

            G♯m   G♯m/G   G♯m/F♯   G♯m/F
                I just can't live with - out you,

            B   E   **B   E**
                Oh, I just couldn't live an - other day, you're my

                        A*   **E**   **D**   **E**
Chorus 3   Like a Bon - fire, your love is like a bon - fire,

            A*   **E**   **Dsus² D**
            Burning deep with - in me

                        D   **E**   **A***   **D**   **E**
            Now some folks said it's no good to smoke in bed,

            A*   **E**   **F♯m**   **E**   **F♯m**   **B**   **E**
                Ummm, but I just take off my clothes and I jump into the fire again.

Outro | Aadd⁹ A | Dmaj⁷ D⁶ | Aadd⁹ A | Eadd⁹ E |

            | Aadd⁹ A | Dmaj⁷ D⁶ | Aadd⁹ A | Eadd⁹ E |

            | Aadd⁹ A | Dmaj⁷ D⁶ | Aadd⁹ A | Eadd⁹ E ‖

            ‖: B Bsus² E :‖ *Repeat to fade*

The Boy With The Moon And Star On His Head

Words & Music by
Cat Stevens

Intro | D | D | D   ‖

Verse 1
```
          D                        G        D
A gardener's daughter stopped me on my way
         G     A    D | D | D ‖
    on the day I was to wed,
    Em      G                    A        D   | D | D ‖
"It is you who I wish to share my body with," she said.
          D           G        D      G   A   D | D | D ‖
"We'll find a dry place under the sky with a flower for a bed
          Em         G                   Em
And for my joy I will give you a boy with the moon
          A      Em A Em A      D  | D | D | D  ‖
    and a star———————— on his head."
```

Verse 2
```
          D       G       D
Her silver hair flowed in the air
             G     A     F#m   D  | D | D ‖
    laying waves across the sun,
    Em              G
Her hands were like the white sands,
          Em A        D  | D | D ‖
    and her eyes had diamonds on.
D               G       D      G     A     D   | D | D ‖
We left the road and headed up to the top of the Whisper Wood
      Em        G                    Em A     D | D | D ‖
And we walked 'til we came to where the holy magnolia stood.
D               G       D
And there we laid cool in the shade,
              G      A    F#m Bm Em A | D | D ‖
    singing songs and making love——
Em              G                   Em   A     D | D | D ‖
With the naked earth beneath us, and the uni - verse above.
```

Instr. 1 | G A | D | G A | D   G |

| G A | D | D | D | D   ‖

Verse 3

          D   **G**   **D**
The time was late, my wedding wouldn't wait,
                  G   **A**   **D** | D | D ‖
      I was sad but I had to go,
     Em   **G**   **Em**   **A**   **D** | D | D ‖
So while she was asleep I kissed her cheek for cheerio.
     D   **G**   **D**
The wedding took place and people came
                 G   **A**   **D** **A** | D B | A D ‖
     from many miles around,
Em   **G**   **Em**   **A**   **D** | D | D ‖
There was plenty merriment, cider and wine abound
     D   **G**   **D**   **G**   **A**   **D**
But out of all that I recall, I remem - bered the girl I met
       Em   **G**   **Em**   **A** | D | D | D | D ‖
'Cause she had given me something my heart could not forget.

Instr. 2 | G A | D | G A | D   G |

| G A | D | D   ‖

38

Verse 4

    D   G   D
A year had passed and everything

                        G   A   F#m   Bm
           was just as it was a year before,

   G   A   D | D | D |
As if was a year before,

Em   G   Em   A   D | D | D |
Until the gift that someone left, a basket by my door,

    D   G   D   G   A   D | D | D |
And in there lay the fairest little baby crying to be fed.

    Em   G   Em   A Em A Em A
I got down on my knees and kissed the moon and star————————

            D | D | D ‖
        on his head.

    D   G   D
As years went by, the boy grew high

            G   A   D | D | D |
       and the village looked on in awe

      Em   G
They'd never seen anything like the boy

             Em   A   D | D | D |
     with the moon and star before.

    D   G   D
And people would ride from far and wide

            G   A   D | D | D |
      just to seek the word he spread

      Em   G   Em   A   D | D | D |
"I'll tell you every - thing I've learned, and love is all," he said.

Outro | G A | D | G A | Bm G |

            | G A | D | D   ‖

Bring Another Bottle Baby

Words & Music by
Cat Stevens

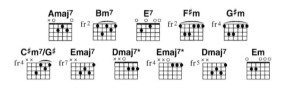

Intro | Amaj⁷ | Amaj⁷ | Bm⁷ | E⁷ ‖

Verse 1

Amaj⁷
Better bring another bottle with you baby
Dmaj⁷   Bm⁷   Amaj⁷
If you really want to party then lets make it swing
Amaj⁷   E⁷
   Right into the morn - ing.

Verse 2

Amaj⁷
Better bring another bottle with you baby
Dmaj⁷   Amaj⁷
'Cause I really want to make this little bell ring.
Bm⁷   E⁷
Ding dong, ding.

Chorus 1

G♯m   F♯m
I feel cold and I want to get you by my side
Em   Dmaj⁷   Emaj⁷
I feel bold and I want to show you how this man can ride.

Verse 3   As Verse 1

Verse 4   As Verse 2

Chorus 2

G♯m   F♯m
I feel smooth and I really want to live it up
Em   Dmaj⁷   E
If we groove then I promise you that we won't even stop.

Verse 5

Amaj⁷   E⁷
Better bring another bottle with you baby

Amaj⁷   Dmaj⁷   E⁷
I get the feeling that you want to take off and fly

Amaj⁷   Dmaj⁷
High, high, well if my ceiling isn't high enough

      E   F G E
We'll burn up the sky.

Instr.

| Amaj⁷ | Amaj⁷ | Dmaj⁷ | Dmaj⁷ ‖

| Amaj⁷ | Amaj⁷ | Dmaj⁷ | Emaj⁷ ‖

Chorus 3

G♯m   F♯m
I feel smooth and I really want to live it up

Em   Dmaj⁷   E⁷
If we groove then I promise you that we won't even stop

Verse 6

Amaj⁷   Dmaj⁷ E⁷
Better bring another bottle with you baby

Amaj⁷   Dmaj⁷   E⁷
I get the feeling that you want to take off and fly

Amaj⁷   Dmaj⁷
High, high, well if my ceiling isn't high enough

      E   F G E
We'll burn up the sky.

Outro

Amaj⁷   Dmaj⁷
Better bring another bottle with you baby

Dmaj⁷
Better try to bring another bottle now

Amaj⁷   Dmaj⁷
Better bring another bottle baby

      E⁷   Amaj⁷
Better try to bring another bottle now.

But I Might Die Tonight

Words & Music by
Cat Stevens

D   C   A   G

Intro

| D | C | D | C |
Ah *etc.*
| D | C | D | C ‖

Verse 1

D   C   D   C
   I don't want to work away, doing just what they all say,
D   C   D   C
   "Work hard boy, you'll find, one day you'll have a job like mine."
A   G   A   G
   'Cause I know for sure, nobody should be that poor.
A   G   A   G
   To say yes, or sink low, because you happen to say so,
G
Say so, you say so

Verse 2

D   C   D   C
   I don't want to work away doing just what they all say,
D   C
   "Work hard boy, and you'll find,
        D   C
      one day you'll have a job like mine,
C
Job like mine, a job like mine.
A   G   A   G
   Be wise, look ahead, use your eyes" he said,
A   G
   "Be straight, think right"
A   C   D
   But I might die to - night——

Outro

| A | G | A | G ‖

| D | C | D | C | D |

| C | D | C | C | C | D ‖

Can't Keep It In

Words & Music by
Cat Stevens

D   E   A   Dsus⁴   Esus⁴   Asus⁴   G♯m

F♯m   B   Dsus⁴   Csus⁴   C   F   G

Intro | A | A | E | E |

        | D | D | E | E   ‖

Verse 1
        A
Oh I can't keep it in, can't keep it in
      E
I've gotta let it out.
       D
"I've got to show the world, world's got to see,
E
See all the love, love that's in me——" I said.

Verse 2
      A
Why walk alone?
               E
Why worry when it's warm over here?
      D
You've got so much to say, say what you mean.
E
Mean what you're thinking, and think anything.

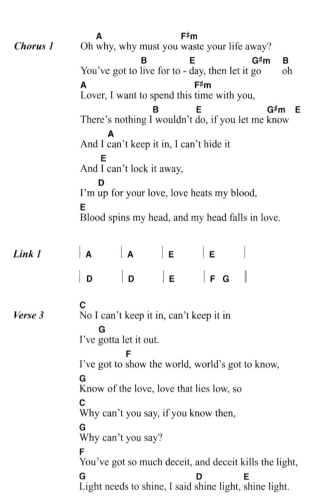

Chorus 1

       A   **F♯m**
Oh why, why must you waste your life away?

             B   **E**   **G♯m**   **B**
You've got to live for to - day, then let it go   oh

A   **F♯m**
Lover, I want to spend this time with you,

             B   **E**   **G♯m**   **E**
There's nothing I wouldn't do, if you let me know

            A
And I can't keep it in, I can't hide it

            E
And I can't lock it away,

          D
I'm up for your love, love heats my blood,

E
Blood spins my head, and my head falls in love.

Link 1

| A | A | E | E |
| D | D | E | F G ||

Verse 3

C
No I can't keep it in, can't keep it in

     G
I've gotta let it out.

         F
I've got to show the world, world's got to know,

G
Know of the love, love that lies low, so

C
Why can't you say, if you know then,

G
Why can't you say?

F
You've got so much deceit, and deceit kills the light,

G   **D**   **E**
Light needs to shine, I said shine light, shine light.

Chorus 2

    A   **F♯m**
Love, that's no way to live your life
       B   **E**   **G♯m B**
You allow too much to go by, and that won't do - no
A   **F♯m**
Lover, I want to have you here by my side
       B   **E**   **G♯m E**
Now don't you run, don't you hide, while I'm with you.

Verse 4

     A
'N I can't keep it in, can't keep it in
   E
I've gotta let it out.
   D
I've got to show the world, world's got to see
E
See all the love, love that's in me - I said…

Verse 5

     A
I said, why walk alone?
     E
Why worry when it's warm over here?
     D
You've got so much to say, say what you mean.
E
Mean what you're thinking, and think anything, why not…

‖ **Asus⁴ A** | **Asus⁴ A** ‖

Esus⁴ E | **Esus⁴ E**
Now why why why not?

| **Dsus⁴ D** | **Dsus⁴ D** | **Csus⁴ C** | **C** |

| **Esus⁴ E** | **E** | **E**   ‖

Ceylon City

Words & Music by
Cat Stevens

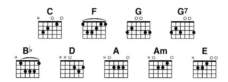

Intro
| C F | G G7 ‖

Verse 1
```
      C          F            C              F
      I'm going home to the town where I was born
      C          F            C        B♭   G      F
      Where little children laughed as they sang a happy song,
              C         F
      In the little town of Ceylon.
```

Chorus 2
```
      C    F    C F
      Ceylon City,
      C    F    C G
      Ceylon City,
      D    G    D G
      Ceylon City,
      D    G  | A      | Am   ‖
      Ceylon City.
```

Verse 2
```
      C          F       C              F
      I've got a boat, I hope it's still a - float
      C          F            C        B♭
      With rusty sails, and an old wooden oar
         G      F
      It goes a - long
              C          F
      In the little town of Ceylon.
```

Chorus 2

```
C       F      C F
Ceylon City,
C       F      C G
Ceylon City,
D    G      D G
Ceylon City,
D    G    A
Ceylon City.
```

Bridge 1

```
         D        G      D     G
My Daddy'll be waiting there,
         E       A       D            G    D  G
My sister'll be combing down her silver hair.
         D        G         D  G
My Mamma will be waiting there
           E        A        D     G     D G │ G │ G ‖
Serving lunch to my brother but he's no - where——
```

Instr.

```
│ C F   │ C F   │ C F   │ C B♭  │

│ G F   │ C F   │ C F   ‖
```

Bridge 2

```
         D        G      D     G
My Daddy'll be waiting there,
         E       A       D            G    D  G
My sister'll be combing down her silver hair.
         D        G         D  G
My Mamma will be waiting there
           E        A        D     G     D G │ A │ A ‖
Serving lunch to my brother but he's no - where——
```

Chorus 3

```
C       F      C F
Ceylon City,
C       F      C G
Ceylon City,
D    G      D G
Ceylon City,
D    G
Ceylon City.
```

    E   A
Ceylon City.

    D   G
My Daddy'll be waiting

    D   G
(My Daddy'll be waiting there)

    D   G
My sister'll be combing

    D   G
(My sister'll be combing her hair)

    D   G
My Mamma will be serving

    D   G
(My Mamma will be serving there)

    D   G
My brother will be hiding

    D   G
(My brother will be hiding there.)

Fade out

Drywood

Words & Music by
Cat Stevens

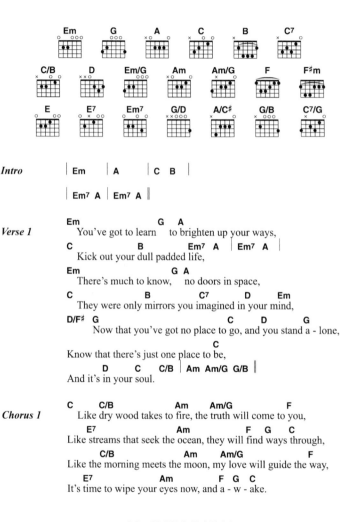

Intro | Em | A | C B |

| Em7 A | Em7 A ‖

Verse 1

Em   G   A
You've got to learn   to brighten up your ways,

C   B   Em7 A | Em7 A |
Kick out your dull padded life,

Em   G   A
There's much to know,   no doors in space,

C   B   C7   D   Em
They were only mirrors you imagined in your mind,

D/F♯ G   C   D   G
Now that you've got no place to go, and you stand a - lone,

                              C
Know that there's just one place to be,

      D   C   C/B | Am Am/G G/B ‖
And it's in your soul.

Chorus 1

C   C/B   Am   Am/G   F
Like dry wood takes to fire, the truth will come to you,

      E7   Am   F G   C
Like streams that seek the ocean, they will find ways through,

      C/B   Am   Am/G   F
Like the morning meets the moon, my love will guide the way,

      E7   Am   F G   C
It's time to wipe your eyes now, and a - w - ake.

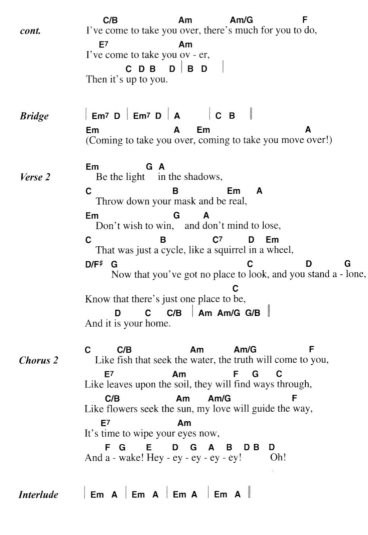

cont.

    C/B   Am   Am/G   F
I've come to take you over, there's much for you to do,

    E⁷   Am
I've come to take you ov - er,

          C D B   D | B D |
Then it's up to you.

Bridge

| Em⁷ D | Em⁷ D | A | C B ‖

Em   A   Em   A
(Coming to take you over, coming to take you move over!)

Verse 2

Em   G A
  Be the light   in the shadows,

C   B   Em   A
  Throw down your mask and be real,

Em   G   A
  Don't wish to win,   and don't mind to lose,

C   B   C⁷   D Em
  That was just a cycle, like a squirrel in a wheel,

D/F♯ G   C   D   G
     Now that you've got no place to look, and you stand a - lone,

                            C
Know that there's just one place to be,

        D   C   C/B | Am Am/G G/B ‖
And it is your home.

Chorus 2

C   C/B   Am   Am/G   F
  Like fish that seek the water, the truth will come to you,

    E⁷   Am   F G   C
Like leaves upon the soil, they will find ways through,

    C/B   Am   Am/G   F
Like flowers seek the sun, my love will guide the way,

    E⁷   Am
It's time to wipe your eyes now,

     F   G   E   D G   A   B   D B   D
And a - wake! Hey - ey - ey - ey - ey!   Oh!

Interlude

| Em A | Em A | Em A | Em A ‖

50

Em⁷   A

You say you're really with me,

Em⁷   F♯m   Bm

But you only follow me a - round,

Em⁷   A

How much you love me, yes,

    Em⁷

But I don't want the kind of love

       G   Em⁷ A Em⁷ A

I have to sit and count,

Em⁷   A

You think you're free and lucky,

    Em⁷   A

But you're stuck behind a prison wall,

Em⁷   A

How well you know your - self,

     Em⁷

But I see something else with - in you

    G/D   Em⁷   A

That you don't see at all (You don't see nothing,

Em⁷   A

You keep on looking, but you don't see nothing)

G   Em   C   D

You may give up your number, disowning all your wealth,

G   Em

You may sell all the pieces,

     C   D   C

But you'll never, never, never give up your - self,

   C/B   Am   C⁷/G

Never, never, never give up your - self___

C   C/B   Am   C⁷/G   F

Like drywood takes to fire, the truth will come to you,

  E⁷   Am   F G   C

Like streams that seek the ocean, they will find ways through,

   C/B   Am   C⁷/G   F

Like the morning meets the night stars, my love will guide the way,

  E   Am   F G C

It's time to wipe your eyes now, and a - w - ake.

   C/B   Am   C⁷/G   F

I've come to take you over, there's much for you to do,

  E⁷   Am

I've come to take you ov - er,

        D B   D | B D | Em D| Em D| A   ‖

Then it's up to you.

Changes IV

Words & Music by
Cat Stevens

D   C   F   G   G⁷   Am

Intro
```
| G      | F G   | G     | F G   |
| G      | F G   | G     | F G   ||
```

Verse 1
```
G     F G    F G     F G
Woah,  yeah,  woah,   yeah.—
F          G                    C              G
Don't you feel a change a-comin' from another side of time,
          C              G C G              C
Breaking down the walls of silence lifting shadows from your mind.
      G                      C              G C G
Placing back the missing mirrors that before you couldn't find,
          C          G           D         G    G⁷
Filling mysteries of emptiness that yesterday left behind.
```

Chorus 1
```
          C          G    C         G   C G
And we all know it's better, yesterday has past.
              F    C      F         C       G
Now let's all start livin' for the one that's going to last.
          C          G    Am         D   G D
Yes we all know it's better, yesterday has past.
              F    C      F         C       G
Now let's all start livin' for the one that's going to last.
```

Link 1
```
G     F G    F G     F G     F
Woah,  yeah,  woah,   yeah.—
```

© Copyright 1971 Cat Music Limited.
All Rights Reserved. International Copyright Secured.

52

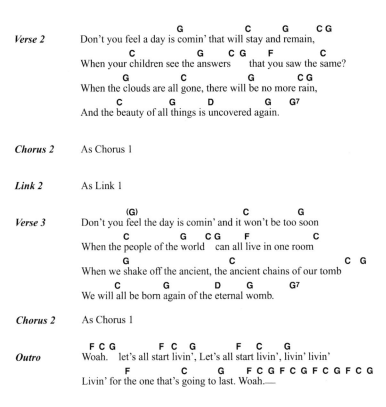

Verse 2

                G   C   G   C G
Don't you feel a day is comin' that will stay and remain,

          C   G   C G   F   C
When your children see the answers   that you saw the same?

          G   C   G   C G
When the clouds are all gone, there will be no more rain,

          C   G   D   G   G⁷
And the beauty of all things is uncovered again.

Chorus 2   As Chorus 1

Link 2   As Link 1

Verse 3

             (G)   C   G
Don't you feel the day is comin' and it won't be too soon

          C   G   C G   F   C
When the people of the world   can all live in one room

          G   C   C G
When we shake off the ancient, the ancient chains of our tomb

          C   G   D   G   G⁷
We will all be born again of the eternal womb.

Chorus 2   As Chorus 1

Outro

          F C G   F C G   F   C   G
Woah.   let's all start livin', Let's all start livin', livin' livin'

            F   C   G   F C G F C G F C G F C G
Livin' for the one that's going to last. Woah.——

Come On And Dance

Words & Music by
Cat Stevens

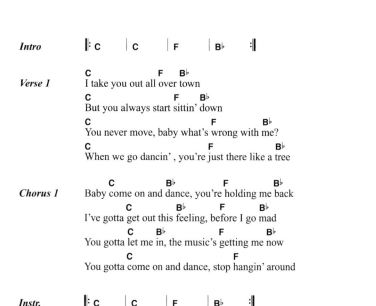

Intro ‖: C | C | F | B♭ :‖

Verse 1

C   F B♭
I take you out all over town
C   F B♭
But you always start sittin' down
C   F B♭
You never move, baby what's wrong with me?
C   F   B♭
When we go dancin' , you're just there like a tree

Chorus 1

    C   B♭   F   B♭
Baby come on and dance, you're holding me back
     C   B♭ F   B♭
I've gotta get out this feeling, before I go mad
     C B♭   F   B♭
You gotta let me in, the music's getting me now
     C   F
You gotta come on and dance, stop hangin' around

Instr. ‖: C | C | F | B♭ :‖

Verse 2

C   F   B♭ C   F   B♭
I don't care if you twist or jive, just as long as you're lookin' alive
C   F   B♭
You'll make me glad, baby you'll make me rise,
C   F   B♭
I wanna see that twinkle in your eyes

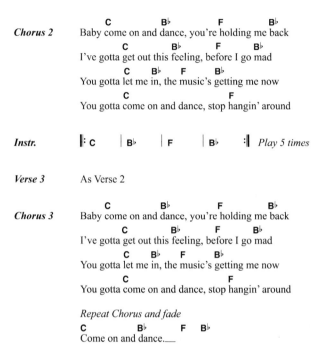

Chorus 2

| | C | | B♭ | | F | | B♭ |
Baby come on and dance, you're holding me back

| | | C | | B♭ | | F | | B♭ |
I've gotta get out this feeling, before I go mad

| | | C | B♭ | F | | B♭ |
You gotta let me in, the music's getting me now

| | | C | | | F |
You gotta come on and dance, stop hangin' around

Instr.   ‖: C | B♭ | F | B♭   :‖ *Play 5 times*

Verse 3   As Verse 2

Chorus 3

| | C | | B♭ | | F | | B♭ |
Baby come on and dance, you're holding me back

| | | C | | B♭ | | F | | B♭ |
I've gotta get out this feeling, before I go mad

| | | C | B♭ | F | | B♭ |
You gotta let me in, the music's getting me now

| | | C | | | F |
You gotta come on and dance, stop hangin' around

Repeat Chorus and fade

C   B♭   F   B♭
Come on and dance.___

Come On Baby (Shift That Log)

Words & Music by
Cat Stevens

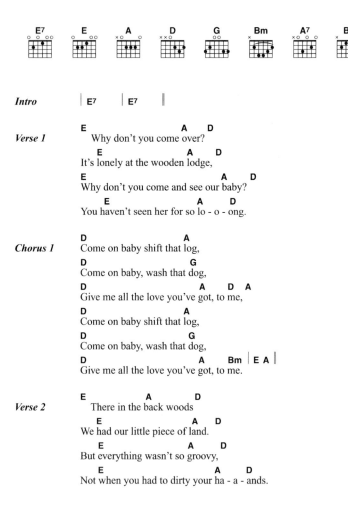

Intro | E7 | E7 ‖

Verse 1

E   A   D
  Why don't you come over?

E   A   D
It's lonely at the wooden lodge,

E   A   D
Why don't you come and see our baby?

   E   A   D
You haven't seen her for so lo - o - ong.

Chorus 1

D   A
Come on baby shift that log,

D   G
Come on baby, wash that dog,

D   A   D A
Give me all the love you've got, to me,

D   A
Come on baby shift that log,

D   G
Come on baby, wash that dog,

D   A   Bm | E A ‖
Give me all the love you've got, to me.

Verse 2

E   A   D
  There in the back woods

E   A   D
We had our little piece of land.

E   A   D
But everything wasn't so groovy,

E   A   D
Not when you had to dirty your ha - a - ands.

Chorus 2   As Chorus 1

Instr. | E7 | E7 | E7 | E7 |

        | A7 | A7 | E7 | E7 |

        | B7 | B7 | E7 | E7   ‖

          E   A   D
Verse 3   It's lonely at the wooden lodge,
             E   A   D
        So why don't you share my be - e - ed?

Chorus 3   As Chorus 1

Outro | E7 | E7 | E7 | E7   ‖

Crab Dance

Words & Music by
Cat Stevens

Em/D D	A	D	A	
Em/D D	A	D	A	
Em/D D	A	D	A	

E A	A D A	E	E A	
E A	A D A	E	E A	
D A	D A	E	E A	
D A	E A	G A	A Em/D D

$\frac{2}{4}$ | G D |

| Em | A | Em | A | |

| Em/D D | A | D | A | |
| Em/D D | A | D | A | |

E A	A D A	E	E A	
D A	E A	G A	A Em/D D
G D A	D Em/D	D* G*	A* G*	

| F | G C | F | G C |
| F | G | C | G ‖
| Dm | G | C | B♭ C |
| Dm | G | ‖

| F G | G | F G | G |
| G D | D | G D | D |
| A E | E | A E | E ‖

G A	G A	G A	G A
G A	G A	G A	G A
F	C	F	G A
G A	G A	G A	G A ‖

| F | C | F C F | C |
| F C G | D E | E | E ‖

| Em/D D | A | D | A |
| Em/D D | A | D | A |
| Em/D D | A | D | A ‖

E A	A D A	E	E A
D A	D A	E	A	D A
D A	E A	G A	A D	G A
D Em/D D*	G	D ‖

Crazy

Words & Music by
Cat Stevens

D	A	F#m	Bm	E	Em	G

Intro

| D | A D | A D | A D | A D |

| A D | A D F#m | Bm E | A ||

Link 1

| Em D Em D Em | Em D A | Em D Em D Em | Em D A |

| Em D Em D Em | Em D Em D Em | Em D Em D Em | Em D A ||

Chorus 1

     A   D G A D
I'm crazy you 'bout you baby, my, my, my

      A   D Em   A
Your love just drives me crazy, heaven knows why,

    A   D   G   D
So let me love you while the moon's still high

A   D   Em   A
Guarantee you we'll have a good time

F#m   Bm   E   A   F#m | Bm E | A ||
Making love under the stars.

Verse 1

     G D   Em   A
I feel the Earth move while I'm in your arms

     G   D   Em A
Got the River Nile in my veins,

         G D   F#m Bm
And when you're with me, darling I could be

   F#m   Bm   Em D Em D Em
The white rabbit falling into space,

        Em D Em D Em
Look at him go

Link 2 | Em D Em D Em | Em D A ‖

                                    A   D   G   A   D
Chorus 2   I'm crazy you 'bout you baby, my, my, my

                                A   D   Em   A
                  Your love just drives me cuckoo, heaven knows why,

                           A   D   G   A D
                  So let me love you while the moon's still high

                  A   D   Em   A
                     Let yourself go and have a good time

                  F♯m   Bm   E   A
                  Making love under the stars.

Link 3 | Em D Em D Em | Em A | Em D Em D Em | Em D A |

                  | Em D Em D Em | Em D Em D Em | Em D Em D Em | Em D A ‖

                           G   D   A   D
Verse 2   I see the lights dance when we're holding hands

                           G   D   Em   A
                  It's like magic being with you

                              G   D   F♯m   Bm
                  And when I'm dogged out, I still dream about

                       F♯m   Bm   Em D Em D Em
                  All the simple things that you do,

                  Em D Em D Em   A
                     All the little things.

                                    A   D   G   A   D
Chorus 3   I'm crazy you 'bout you baby, my, my, my

                                A   D   Em   A
                  Your love just drives me crazy, heaven knows why,

                           A   D   G   D
                  So let me love you while the moon's still high

                  A   D   Em   A
                  Let yourself go and we'll have a good time

                  F♯m   Bm E   A   F♯m | Bm E | A D ‖
                  Making love under the stars.

Outro | A D | A D | A D | A D |

                  | A D | A D | A D | A D ‖

                  | A D | A D ‖

                                    61

The Day They Make Me Tsar

Words & Music by
Cat Stevens

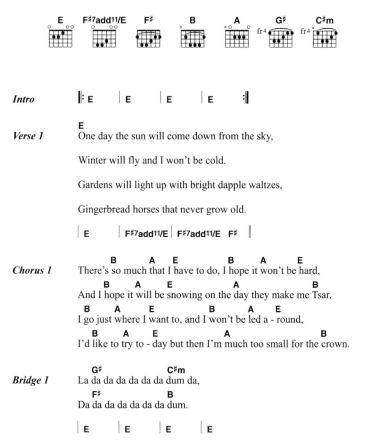

Intro   ‖: E | E | E | E   :‖

        E
Verse 1   One day the sun will come down from the sky,

Winter will fly and I won't be cold.

Gardens will light up with bright dapple waltzes,

Gingerbread horses that never grow old.

| E | F#7add11/E | F#7add11/E   F# ‖

           B   A   E   B   A   E
Chorus 1   There's so much that I have to do, I hope it won't be hard,
             B   A   E   A   B
             And I hope it will be snowing on the day they make me Tsar.
        B   A   E   B   A   E
        I go just where I want to, and I won't be led a - round,
        B   A   E   A   B
        I'd like to try to - day but then I'm much too small for the crown.

           G#   C#m
Bridge 1   La da da da da da da da dum da,
           F#   B
           Da da da da da da da dum.

| E | E | E | E

Verse 2
          E
          Animals will travel from distances far,

          Led by a star to beat in my door.

          All kinds of strangers will come with no danger,

          White velvet angels will sleep on my floor.

     | E | F#7add11/E | F#7add11/E F# ‖

         B   A   E   B   A   E
          There's so much that I have to learn, I hope it won't be hard,
         B   A   E   A   B
          And I hope it will be snowing on the day they make me Tsar.
        B   A   E   B   A   E
          I go just where I want to, and with both feet on the ground
          B   A   E   A   B
          I'd like to try to - day but then I'm much too small for the crown.

Bridge 2   As Bridge 1

          B   A   E   B   A   E
Chorus 3   La da la da la da la da la dum, la da la da la dum
           B   A   E   A   B
          La la da la da la da la dum., la da - a la da la dum
         B   A   E   B   A   E
          I go just where I want to, and with both feet on the ground
          B   A   E   A   B
          I'd like to try to - day but then I'm much too small for the crown.

Bridge 3   As Bridge 1

Outro   As Intro

Daytime

Words by Cat Stevens & Alun Davies
Music by Cat Stevens

D   G   Bm   A   Em9   E   Esus4

Intro | D | G | D | G | D | G | Bm | A G ‖

Verse 1
         D   G
In the daytime
               D   G
Time for cele - bration
          D   G
No use looking down
              Bm A G
If it's over here
        D   G
It's a world
              D   G
A new cre - ation
          Em9
And the golden light of the morning
            A   E
Makes it easy to comb your hair
         G   D
And the love of the child,
            Esus4 E D | G | D | G |
It's the time of year.

Verse 2
         D   G
In the daytime
               D   G
You can move a mountain
          D   G
With a blink of an eye
           Bm
Now it's over here
             A   G
Now it's over there
      D   G   D G
It's a world with no complications
Em9
And the curtains on the window

**Verse 2
(cont.)**

      A   **E**
Start blowing like your hair
        G   **D**
And the love that I feel
          Esus⁴ E D | **G** | **D** | **G** |
It's the time of year.

Chorus 1

Bm   **A**   **G**   **A**
  Mysterious moon found me crying in the dark
Bm   **A**   **G** **A** **Bm**
  Heard my footsteps on the stairs
            A   **G**   **D**
Mysterious moon found me cryin' but the sun dried my tears
G   **D G**
  Showed he cares.

Instr.

| **D** | **G**   ‖ *Play 7 times*

| **Bm** | **A G** ‖

Verse 3

      D   **G**
In the daytime
            D   **G**
Time for cele - bration
        D   **G**
No use lookin' down
                 Bm **A** **G**
Children, open your eyes
      D   **G**
It's a world
        D   **G**
A whole nation
        Em⁹
Now the white boats have landed
         A   **E**
And the innocent are here
      G   **D**
So dream for the child
           Esus⁴ E D | **D** | **D** | **D** | **D G** |
'Cause it's the time of year.

Outro

| **D** | **G** | **D** | **G** |

| **D** | **G** | **Bm** | **A G** |

| **Bm** | **A G** | **D**   ‖

Don't Be Shy

Words & Music by
Cat Stevens

Intro
‖: A* E/A D/A | D/A E/A | A* E/A D/A | D/A E/A :‖

Verse 1

A* E/A D/A   E/A   A* E/A D/A E/A
Don't be   shy, just let your feelings roll on   by

A* E/A D/A   E/A A* E/A D/A E/A
Don't wear fear or nobo - dy will know you're there.

         A* E/A D/A   E/A   A* E/A D/A E/A
Just lift your head, and let your feelings out in - stead,

          A* E/A D/A   E/A   A* E/A D/A E/A
And don't be   shy, just let your feeling roll on   by,

          A* E/A   D/A   E/A A* E/A D/A   E/A
On by, on by, on by, on by on by, on by, on by,

A* E/A D/A   E/A A* E/A D/A
   On   by,   on by,   on by

Verse 2

         E/A   A   E   D   E   A   E   D E
You know lo - o - ove is better than a song,

A   E   D   E   A E D   E
Lo - ove is where all of us be - lo - o - ong

   A   E D   E   A E D E
So don't be shy, just let your feelings roll on by

A   E   D   E   A   E   D   E
Don't wear fear or nobo - dy will know you're there,

           A   D   E   A* E/A   D/A
And you're there, you're there, you're there, you're there you're there,

      E/A A* E/A D/A   E/A A   E   D
You're the - ere, you're there, you're there, you're the -ere.

Instr. ‖: A* E/A D/A | D/A E/A | A* E/A D/A | D/A E/A :‖

Verse 3

A   E D   E   A E D   E
Don't be shy just let your feelings roll on by,

   A   E   D   E A   E   D   E
And don't wear fear or nobody will know you're there.

   A E   D   E   A E D   E
Just lift your head, and let your feelings out in - stead

   A   E D   E   A E D E
No don't be shy, just let your feelings roll on by,

   A* E/A D/A   E/A A* E/A D/A E/A
On by, on by,   on by,   on by on by, on by,

A* E/A D/A   E/A A* E/A D/A
  On by,   on by,   on by.

Outro | A* E/A D/A | D/A E/A | A* E/A D/A | D/A E/A | A ‖

Doves

Words & Music by
Cat Stevens & Jean Roussel

| E | B | G | D | A | D/A | E/A |

```
| E B E B | E B E B E | E    | E    |

| E B E B | E B E B E | E    | E    ‖

| E B G D | E B G D | E B G D | E B G D ‖

| A D/A | E/A    | A D/A | E/A    |

| A D/A | E/A    | A D/A | E/A    ‖

| E    | E    | E    | E    ‖

| E B G D | E B G D | E B G D | E B G D ‖

| E B E B | E B E B E | E    | E    |

| E B E B | E B E B E | E    | E    ‖

| A D/A | E/A    | A D/A | E/A    |

| A D/A | E/A    | A D/A | E/A    ‖
```

| E | E | E | E |‖

‖ E B G D | E B G D | E B G D | E B G D ‖

| A D/A | E/A | A D/A | E/A |‖

| E | E | E | E |‖

| E B G D | E B G D | E B G D |
| E B B E | E B G D | E B B E ‖

18th Avenue
(Kansas City Nightmare)

Words & Music by
Cat Stevens

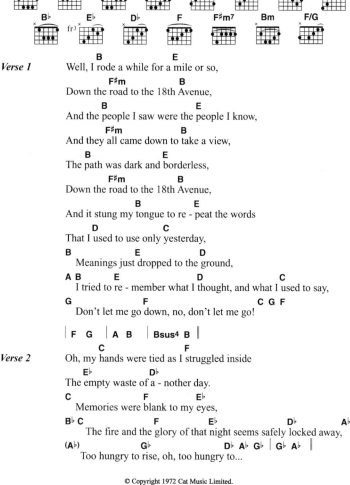

Verse 1

           B   **E**
Well, I rode a while for a mile or so,

       F♯m   **B**
Down the road to the 18th Avenue,

         B   **E**
And the people I saw were the people I know,

       F♯m   **B**
And they all came down to take a view,

     B   **E**
The path was dark and borderless,

       F♯m   **B**
Down the road to the 18th Avenue,

        B   **E**
And it stung my tongue to re - peat the words

       D   **C**
That I used to use only yesterday,

B   **E**   **D**
  Meanings just dropped to the ground,

A B   **E**   **D**   **C**
  I tried to re - member what I thought, and what I used to say,

G   **F**   **C G F**
  Don't let me go down, no, don't let me go!

| **F** | **G** | **A** | **B** | **Bsus4** | **B** ‖

Verse 2

             C   **F**
Oh, my hands were tied as I struggled inside

     E♭   **D♭**
The empty waste of a - nother day.

C   **F**   **E♭**
  Memories were blank to my eyes,

B♭ C   **F**   **E♭**   **D♭**   **A♭**
    The fire and the glory of that night seems safely locked away,

(A♭)   **G♭**   **D♭ A♭ G♭** | **G♭ A♭** ‖
   Too hungry to rise, oh, too hungry to...

Faster

Instr.

| B♭ C | B♭ C ‖ *Play 3 times*

| B♭ C | B♭ C ‖

| F C | F C | F C | F G | G D |

| G D | G D | G C B♭ G | F G B♭ | F G |

| F G B♭ | B♭ G F G | F G B♭ | F G ‖

| B♭ C | B♭ C | B♭ C | B♭ C |

| B♭ C | C F | C F | C F | C F ‖

| G♭ A♭ | G♭ A♭ | G♭ A♭ | G♭ A♭ | G♭ A♭ | G♭ E B♭ ‖

Slow

| Bm F♯m7 | Bm F♯m7 | Bm F♯m7 | Bm F♯m7 | Bm F♯m7 | Bm F♯m7 |

| Bm F♯m7 | Bm F♯m7 | Bm F♯m7 | Bm F♯m7 | Bm F♯m7 | Bm F♯m7 |

| Bm F♯m7 | Bm G | A | Bm G D F♯m7 | Bm F♯m ‖

Verse 4

 B E F♯m B
Well, I rode a while for a mile or so,down the road to the 18th Avenue,

 B E
And the people I saw were the people I know,

 F♯m B
And they all came down to take a view,

 B E F♯m B
The path was dark and borderless,down the road to the 18th Avenue.

 B E
But my head felt better as I turned the car,

 D C
And the airport slowly came into view,

 B E D A
 'One mile' said the sign! Who-oh!

 B E D C
 I checked my bags and made it straight to end Gate 22,

 G F/G
 "Made it just in time—

 C G F | G A B ‖
Boy, you made it just in time!"

71

Father

Words & Music by
Cat Stevens

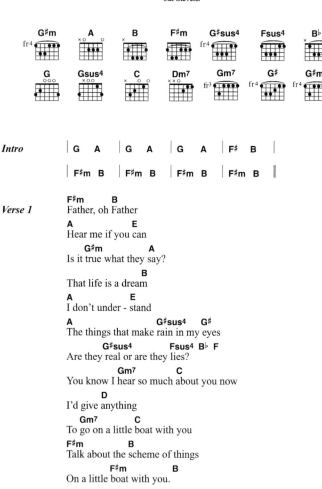

Intro

| G A | G A | G A | F♯ B |
| F♯m B | F♯m B | F♯m B | F♯m B ‖

Verse 1

    F♯m   B
Father, oh Father

A   E
Hear me if you can

      G♯m   A
Is it true what they say?

                B
That life is a dream

A   E
I don't under - stand

A   G♯sus⁴   G♯
The things that make rain in my eyes

      G♯sus⁴   Fsus⁴ B♭ F
Are they real or are they lies?

         Gm⁷   C
You know I hear so much about you now

        D
I'd give anything

     Gm⁷   C
To go on a little boat with you

F♯m   B
Talk about the scheme of things

          F♯m   B
On a little boat with you.

Link 1 | **F♯** **B** | **F♯** **B** ‖

Verse 2

F♯m   **B**
Father, oh Father

A   **E**
Guide me if you can

G♯m7   **A**   **B**
Or give me the chance to follow you home

A   **E**   **A**   **G♯sus4**
I am your son, but I wish I knew you

G♯sus4   **G♯**
When you were young.

           G♯sus4   **Fsus4 B♭ F**
Were you lonely as a boy?

          Gm7   **C**
You know I'd give so much to see you now

        Am7 **Dm7**
I'd go any - where.

Gm7   **C**
Pick a little stick and walk with you

F♯m   **B**
Talk about the scheme of things

F♯m   **B** | **F♯m** | **B** ‖
On a short walk with you.

Link 2 | **G** | **A** | **G** | **A** | **G** |

             | **A** | **F♯m** | **B** | **F♯m** | **B**   ‖

Verse 3

F♯m   **B**
Father, oh Father

      A   **E**
You give me just a little hope

                    A   **B**
I feel something out there reaching for me

A   **E**
Well, here I am

            A
Won't you take me with you

G♯sus4   **G♯**
Out of this maze

         G♯sus4   **Fsus4 B♭ F**
And away from this place

          Gm7   **C**
Because it gets so cold and lonely here

cont.

        Dm7
I'll do anything

    Gm7   **C**
To sit on a little rock with you

F♯m   **B**
Talk about the scheme of things

F♯m   **B**   **F♯m** | **B**
On a small rock with you.

Instr. | **F** | **F** **G** | **F** | **F** **G** ‖

F   **G**
Bridge Show me, show me, show me the way

F   **G**
Before they grind me down

F   **G**
And bleach me grey

F♯m   **B** **F♯m** | **B** |
Send me power not to be afraid

Gm7   **C**
And when I close my eyes

F♯m **B**   **Gsus4** | **Gsus4** ‖
Let me see you once in the light.

Link 3 | **F♯m** | **F♯m B** | **F♯m** | **F♯m B** |

       | **F♯m** | **F♯m B** | **F♯m** | **F♯m B** ‖

F♯m   **B**
Outro Father, oh Father

A   **E**
Hear me if you can

   G♯m   **A**
Is it true what they say

         B
That life is a dream?

| **G** | **A** | **G** | **A** |

| **G** | **A** | **G** | **A** |

| **F♯m7** | **B** | **F♯m7** ‖

God Is The Light

Words & Music by
Yusuf Islam

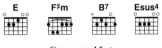

Capo second fret

	N.C.
Verse 1	How great the wonder of the heavens
	And the timeless beauty of the night,
	How great, then how great, the Creator?

                        E   **F♯m**
Verse 1   And its stars like priceless jewels

                        E
    Far be - yond the reach of Kings,

    B7   **Esus4**   **E**
    Bow down, for the shepherd guiding him home.

               F♯m   **B7**   **E**
Bridge 1   But how many eyes are closed   to the wonder of this night?

               F♯m   **B7**
    Like pearls hidden deep, beneath a dark stream of desires.

                   E   **F♯m**
Chorus 1   But like dreams vanish with the call to prayer

                   E
    And the dawn extinguishes night,

              F♯m **B7**
    Here too are signs,

    God is the light,

              E
    God is the light.

Verse 3

      E   **F♯m**
How great the beauty of the Earth

      E
And the creatures who dwell on her.

  B⁷   **Esus⁴**   **E**
How great, then how great, the Cre - ator?

Verse 4

      E   **F♯m**
As its mountains pierce the clouds

    E
High a - bove the lives of men,

    B⁷ **Esus⁴**   **E**
Weep - ing   rivers for thousands of years.

Bridge 2

      F♯m   **B⁷**   **E**
But how many hearts are closed   to the wonders of this sight?

      F♯m   **B⁷**
Like birds in a cage, a - sleep with closed wings.

Chorus 2

    E   **F♯m**
But like work stops with the call to prayer,

    E
And the birds recite,

    F♯m
Here too are signs,

B⁷
God is the light,

    E
God is the light,

Verse 5

    E   **F♯m**
How great the works of Man

    E
And the things he makes,

  B⁷   **Esus⁴**   **E**
How great, then how great, the Cre - ator?

Verse 6

          E   F♯m

Though he strives to reach the Heavens

       E

He can barely survive

  B7   Esus4   E

The wars of the world he lives in.

Bridge 3

   F♯m   B7   E

Yet how many times he's tried,   him - self to immortalise?

   F♯m   B7

Like his parents before him, in the garden of Eden.

Chorus 3

       E   F♯m

But like the sun sets with the call to prayer

     E

And sur - renders to the night,

   F♯m   B7

Here too, are signs,

               E

God is the light everlast - ing

B7   E

God is the light everlast - ing,

B7   E

God is the light everlast - ing,

B7   Esus4 E

God is the light everlast - ing.

Father And Son

Words & Music by
Cat Stevens

Intro | E♭ | E♭ | E♭ | E♭ |

Verse 1

    E♭   B♭
It's not time to make a change

    A♭   Fm7
Just relax, take it easy.

       E♭   Cm
You're still young, that's your fault,

    Fm7   B♭
There's so much you have to know.

   E♭   B♭
Find a girl, settle down,

    A♭   Fm7
If you want you can marry,

    E♭   Cm   Fm7 B♭
Look at me, I am old but I'm happy.

Verse 2

    E♭   Gm7
I was once like you are now

   A♭   Fm7
And I know that it's not easy

   E♭   Cm   B♭
To be calm when you found something going on.

       E♭   Gm7
But take your time, think a lot

   A♭   Fm7
Think of everything you've got.

      E♭   Cm
For you will still be here tomorrow

   B♭   E♭ A♭ E♭ A♭
But your dreams may not.

Verse 3
     E♭   **Gm7**
How can I try to explain?
     A♭   **Fm7**
When I do he turns away again;
     E♭   **Cm**   **Fm7** **B♭**
Well, it's always been the same, same old story.
     E♭   **Gm7**
From the moment I could talk
     A♭   **Fm7**
I was ordered to listen,
     E♭   **Cm**
Now there's a way and I know
     B♭   **E♭**
That I have to go away.
B♭   **A♭**   **E♭** **A♭** **E♭** **A♭**
I know I have to go.

Verse 4
     E♭   **B♭**
It's not time to make a change
     A♭   **Fm7**
Just sit down and take it slowly
     E♭   **Cm**
You're still young, that's your fault
     Fm7   **B♭**
There's so much you have to go through.
     E♭   **Gm7**
Find a girl, settle down
     A♭   **Fm7**
If you want you can marry
     E♭   **Cm**   **Fm7** **B♭**
Look at me, I am old but I'm happy.

Verse 5
     E♭   **Gm7**
All the times that I've cried
     A♭   **Fm7**
Keeping all the things I know inside;
     E♭   **Cm7**   **Fm7** **B♭**
And it's hard, but it's harder to ignore it.
     E♭   **Gm7**
If they were right I'd agree
     A♭   **Fm7**
But it's them they know not me;
     E♭   **Cm**
Now there's a way, and I know
     B♭   **E♭**
That I have to go away.
B♭   **A♭**   **E♭**
I know I have to go.

Fill My Eyes

Words & Music by
Cat Stevens

A7/E　F#7　Bm/F#　Bm　A　G

D　Dsus2　Dsus4　Esus4　Em7/B　Em7/G

Em7/F#　D/C　Asus4　A7　F#7　Bm7/A

Intro　‖: D Dsus4 Dsus2 D | D Dsus4 Dsus2 D :‖

Verse 1
```
                   D                            D/C        Em7/B  Em7/G  Em7/F#
       And in the morning when you filled my eyes
A7/E                    F#7         Bm/F#  Bm A  G      A7           D
       I knew that day I couldn't do,    ah, ah, ah,  no  wrong,  I couldn't do
```

Figure　‖: D Dsus4 Dsus2 D :‖

Verse 2
```
       D                            D/C        Em7/B  Em7/G  Em7/F#
       And so my mind begins to memorise—
A7/E                    F#7         Bm/F#  Bm A  G      A7            D
       'Cause time will never be the same,  ah, ah, ah, no more, never a - gain.
```

Link 1　‖: D Dsus4 Dsus2 D :‖

Chorus 1
```
       G          A7          D      F#7/C#  Bm     Bm7/A  G
       I'm just a coaster, but my wheels won't  go...
                                              (wheels won't go!)
             A                    F#m   B
       My legs are weak, my heels are low——
       G          A7          D      F#7/C#  Bm    Bm7/A  G
       I'm just a coaster, but my wheels won't roll
                                D    Dsus4  D2  D
       Can't make no headway on this road————
```

Link 2　　　　　| D Dsus⁴ Dsus² D | D Dsus⁴ Dsus² D | D Dsus⁴ Dsus² D ‖

　　　　　　　　(D)　　　　　　　　　　　　**D/C**　　　　**Em⁷/B Em⁷/G Em⁷/F♯**
Verse 3　　　　There's an empty space in - side me now
　　　　　　　　A⁷/E　　　　　　**F♯⁷**　　　　　　**Bm/F♯ Bm A G A⁷**　　　　　**D**
　　　　　　　　A waste land deep beneath the snow, so cold,___ nothing'll grow.

Link 3　　　　　‖: D Dsus⁴ Dsus² D :‖

　　　　　　　　G　　　　　**A⁷**　　　　　**D**　　　**F♯⁷/C♯ Bm Bm⁷/A G**
Chorus 2　　　　I'm just a coaster, but my wheels　won't go._____
　　　　　　　　　　　　　　　　　　　　(Wheels won't go!)
　　　　　　　　　　　　A　　　　　　　　**F♯m B**
　　　　　　　　My legs are weak, my heels are low.....
　　　　　　　　G　　　　　**A⁷**　　　**D F♯⁷/C♯ Bm Bm⁷/A G**
　　　　　　　　I'm just a coaster, but my wheels won't roll__
　　　　　　　　　　　　　　　　　(Wheels won't roll!)
　　　　　　　　　　　　　　　　Esus⁴ Esus⁴ E　　　**Asus⁴ A Asus⁴**
　　　　　　　　Can't make no headway on this road_____　　what road
　　　　　　　　　　D　　　　　　**G**　　**Bm**　**Em** | **Em A⁷** ‖
　　　　　　　　Oh-oh, oh-oh, oh-oh, oh-oh, oh-oh.

Link 4　　　　　‖: D Dsus⁴ Dsus² D | D Dsus⁴ Dsus² D :‖

Verse 4　　　　As Verse 1

Outro　　　　　| (D)　| Dsus⁴ Dsus² | D　　| Dsus⁴ Dsus² | D　　‖

81

The First Cut Is The Deepest

Words & Music by
Cat Stevens

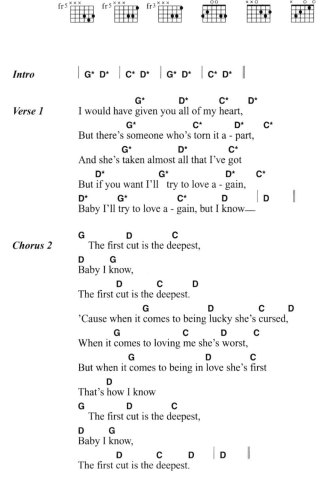

Intro | G* D* | C* D* | G* D* | C* D* ‖

Verse 1
                    G*   D*   C*   D*
I would have given you all of my heart,
                    G*   C*   D*   C*
But there's someone who's torn it a - part,
                    G*   D*   C*
And she's taken almost all that I've got
                D*   G*   D*   C*
But if you want I'll   try to love a - gain,
D*   G*   C*   D | D   ‖
Baby I'll try to love a - gain, but I know—

Chorus 2
        G   D   C
    The first cut is the deepest,
D   G
Baby I know,
           D   C   D
The first cut is the deepest.
                  G   D   C   D
'Cause when it comes to being lucky she's cursed,
               G   C   D   C
When it comes to loving me she's worst,
                  G   D   C
But when it comes to being in love she's first
            D
That's how I know
G   D   C
    The first cut is the deepest,
D   G
Baby I know,
           D   C   D | D   ‖
The first cut is the deepest.

Verse 2

```
              G          D     C   D
          I still want you by my side,

              G                    C           D        C
          Just to help me dry the tears that I've cried

              G                    D    C
          'Cause I'm sure gonna give you a try

              D              G              D        C
          And if you want I'll try to love a - gain,

          D      G       C          D        │ D    ‖
          Baby I'll try to love again, but I know.___
```

Chorus 2   As Chorus 1

Link   ‖ **G* D*** │ **C* D***   ‖
                        Ba - by I know

Chorus 3   As Chorus 1

                    Fade out during chorus

Foreigner Suite

Words & Music by
Cat Stevens

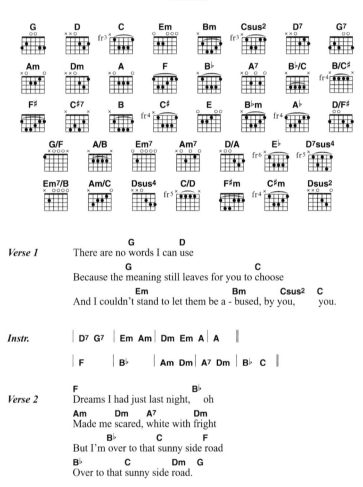

Verse 1

          G   **D**
There are no words I can use

          G   **C**
Because the meaning still leaves for you to choose

          Em   **Bm**   **Csus2** **C**
And I couldn't stand to let them be a - bused, by you,   you.

Instr.

| **D7** **G7** | **Em** **Am** | **Dm** **Em** **A** | **A** ‖

| **F** | **B♭** | **Am** **Dm** | **A7** **Dm** | **B♭** **C** ‖

Verse 2

F   **B♭**
Dreams I had just last night,   oh

Am   **Dm**   **A7**   **Dm**
Made me scared, white with fright

         B♭   **C**   **F**
But I'm over to that sunny side road

B♭   **C**   **Dm** **G**
Over to that sunny side road.

Instr. | C B♭/C | C | C B♭/C | C   ‖

F   B♭

Verse 3   Fortunes come and fortunes go

          Am   Dm   A7   Dm

         But things get better babe, that's one thing I know

                B♭   C   F

         And I'm over to that sunny side road

         B♭   C   Dm   G

         Over to that sunny side road.

Instr. | C B♭/C | C | C B♭/C | B/C♯ ‖

           | F♯ C♯7 | F♯ C♯7 | F♯ C♯7 | F♯ C♯7 | F♯ C♯7 |

           | F♯ C♯7 | F♯ C♯7 | F♯ C♯7 | F♯ C♯7 | F♯ C♯7 ‖

         F♯   B   F♯   C♯

Verse 4   I have a friend that I have met

                     E   B   B♭m B♭ A♭

         Who gives me love and a certain res - pect

         F♯   C♯ F♯   C♯   F♯ C♯

           Just a little re - spect, everybody needs   just a little res - pect

                   F♯   C♯

         That means you, you,

         F♯   C♯

         You, you, you, you

         F♯   C♯

         You, you, you

         F♯   B   F♯   C♯

Verse 5   And in a little while our love will spread

          E   B

         To you, you

         D7   G7   Em   Am

         Ain't no matter who inside this world you know, oh

         Dm   Em   E   Asus4 A   D7

         There'll be some - one who will love you just for who   you are

            G7   Em   Am Dm Em

         Really are, are , are

            A

         One truth!

Verse 6

       F   B♭
Dreams I had just last night

Am   Dm   A7   Dm
Made me worried to face up to the light

        B♭   C   F
But I'm over to that sunny side road

B♭   C   D   E
Over to that sunny side road

Instr.

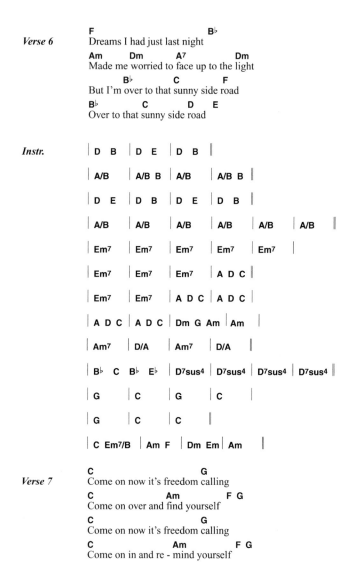

Verse 7

C   G
Come on now it's freedom calling

C   Am   F G
Come on over and find yourself

C   G
Come on now it's freedom calling

C   Am   F G
Come on in and re - mind yourself

Verse 8

   G
You can live in the largest house

         C
And el - even apartments too

   G
    Run your own private plane

     C
And a boat in Malibu

   G   C
    But 'til you know deep down what in - side you really need

Verse 9

      C   Em7/B
Well I love you baby, oh my dear

      Am   F
And I think about you some - times

     Dm   Em   Am
But when you're with me boy, it chokes my mind

Verse 10

C   G
Come on now it's freedom calling

C   Am   F G
Come on over and find yourself

C   G
Come on now it's freedom calling

C   Am   F G
Come on in and re - mind yourself

Am
Come on

Instr.

| Am | Am | Am | Am ‖

| Am F | F G | Am F | F G ‖

| Am F | F G | Am F | F G | Am F | F G ‖

| C Em7/B | Am F | Dm Em | Am | Am | Am ‖

| Am F | F G | Am F | F G |

| Am F | F G | Am F | F G ‖

| C Em7/B | Am F | Dm Em | Am |

| Am | Am | Am | Am ‖

| Am F | F G | Am F | F G ‖

87

Verse 11

Am   Dm   Em
Man must fight for freedom sure that's what

           Am
most other people would say

Am   Dm
Look for a body to lead them but there's

    Em   Am
too many to lead them a - way.

Am   Dm
Why wait until it's your time to die before you

    Em   Am
learn what you were born to do?

Am   Dm
Come on now it's freedom calling

      Em   Am
but there's only one freedom for you.

Instr. | Am F | F G | Am F | F G ‖

Verse 12

Am   Em
Love, love for all.

Am   Em
Love, love for all.

Am   Em
Love, love for all.

Am   Em
Love, love for all.

Instr. | C D | A | G D | E   ‖

Link

    D C D C D C D C Am Em
And I can't wait to be with you to - morrow night. Oh no, love

Am   Em   C
Love, love for all.

Am C
Love,

Instr. | Am C | Am C | Am C | Am C | Am C ‖

Verse 13

C   **Am**   **C**   **Am**
Won't you give me your word that you won't laugh

C   **Am**   **Em** **C**   **Am**
'Cause you've been a saving grace to me

Em   **Am**   **Em**   **Am**
And I'd hate to face a day   without you around

G   **Em**   **D**   **D7**
My life   would be without sound

Verse 14

Am   **G**   **Em**   **D**   **D7**
Love, love, love, love must've made you on a Sunday

        Am   **G**   **Em**   **D**   **D7**
'Cause you taste to me as good as God made honey taste babe

       Am   **G**
And the sky all glistens with gold

        Em   **D**   **D7**
When you're talking to me

       Am   **G**
And the whirling wind turns to song

      Em   **D**   **D7**
Why it sets my soul free

Am   **G**
Love, love, love, love

          Em   **D** | **Am/C**| **C** | **D** | **Dsus4 D** ‖
      must've made you on a Sunday

Instr. | **G** | **D** | **G** | **C** |

      | **Em** | **Bm** | **Csus2 C** | **C C/D** | **D**   ‖

Verse 15

         G   **D**
There are no words I can use

       G7   **C**
Because the meaning still leaves for you to choose

           Em   **Bm**   **Csus2** **C** **B♭** **F** **D**
And I couldn't stand to let them be a - bused, by you,   you.

Verse 16

       G   **D**
Oh dar - ling, you see my face

         G7   **C**
But it's in my heart that's where it's taking place

           Em   **Bm**
And I couldn't stand to let it go to waste

     Csus2 **C** **B♭** **F** **E**
Can you,   you

Verse 17

```
        A                    E
Oh love, sweet blue love
        A7                   D
No man can ever get e - nough
              F#m            C#m
But maybe one day we'll all die in love
        Dsus2  D      C  B♭ A♭ F#
Will you,      you?
        B      A    G    Am   D
Oh love, sweet love, my
G                    D
Love, sweet blue love
        G7               C
(No man can ever get e - nough
                Em                Bm   Csus2 C │ C  C/D │ D
But maybe one day we'll all die in love)
```

Verse 18

```
        G                D
Oh babe, understand
        G7                   C
Take my love that's all I have at hand
              Em                Bm
Please say you will, oh don't say you can't
        Csus2   C   C/D   D   Bm
Oh will you,      will you,  will you?
```

Instr.

```
    ‖ Am  D │ G  C │ Am  D │ Bm Em ‖
```

Verse 19

```
              Am               D
The moment you walked inside my door
              G              C
I knew that I need not look no more
              Am             D
I've seen many other girls before, ah but darling
Bm                        Em
Heaven must've programmed you
```

Instr.

```
    ‖ Am  D │ G  C │ Am  D │ Bm Em ‖
```

Verse 20

             Am   **D**
The moment you fell inside my dreams

G   **C**
I realised all I had not seen

             Am   **D**
I've seen many other girls before, ah but darling

Bm   **Em**
Heaven must've programmed you

     Csus2   **C** **C/D**   **D** **Bm**
Oh will you,   will you,   will you?

Outro

| **Am D** | **G C** | **Am D** | **Bm**   **Em** ‖
                                       Heaven must've programmed you.

| **Am D** | **G C** | **Am D**
                  Oh da - arlin'

| **Bm**   **Em** ‖
       Look at me, I'm talking, I'm talking to

| **Am D** | **G C** | **Am D** | **Bm**
You,   you   oh my love, Heaven must've programmed,

    Em ‖
     oh programmed

| **Am D** | **G C** | **Am D** | **Bm**   **Em**
You   You break my heart like a

              ‖
     beautiful thing, ah.

‖: **Am D** | **G C** | **Am D** | **Bm Em** |

| **Am D** | **G C** | **Am D** | **Bm Em** :‖

Repeat to fade

Freezing Steel

Words & Music by
Cat Stevens

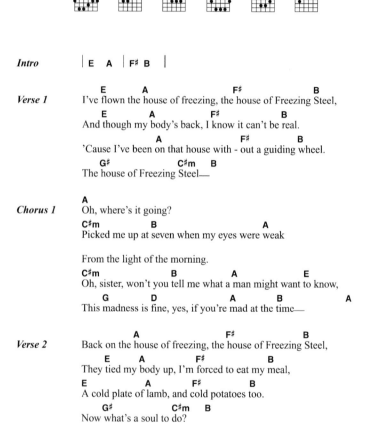

F♯	E	A	B	C♯m	E7

Intro | E   A | F♯ B ‖

Verse 1
        E   A   F♯   B
I've flown the house of freezing, the house of Freezing Steel,
        E   A   F♯   B
And though my body's back, I know it can't be real.
               A   F♯   B
'Cause I've been on that house with - out a guiding wheel.
        G♯   C♯m   B
The house of Freezing Steel—

Chorus 1
        A
Oh, where's it going?
        C♯m   B   A
Picked me up at seven when my eyes were weak

From the light of the morning.
        C♯m   B   A   E
Oh, sister, won't you tell me what a man might want to know,
        G   D   A   B   A
This madness is fine, yes, if you're mad at the time—

Verse 2
            A   F♯   B
Back on the house of freezing, the house of Freezing Steel,
      E   A   F♯   B
They tied my body up, I'm forced to eat my meal,
E   A   F♯   B
A cold plate of lamb, and cold potatoes too.
       G♯   C♯m   B
Now what's a soul to do?

Chorus 2

A
Oh, Lord above—

C#m   B   A
Brother won't you tell me, is this a Eucharistic dove?

C#m   B   A   E
'Cause I've been awaiting for the right one to ap - pear,

          G   D   A   B
But I've seen it in your face, and baby this ain't the place.

Instr.

‖: E | A | F# | B   :‖

Verse 3

E   A   F#   B
Up on the house of freezing, the house of Freezing Steel,

E   A   F#   B
I made my mind up then to get me to the wheel.

          A   F#   B
I made the cabin door, the pilot turned around,

  G#   C#m   B
He said "We're Venus bound"—

Chorus 2

A
Oh, please take me home,

C#m   B   A
After all I'm only human, and the Earth is where I belong.

C#m   B   A   E
I must have looked pitiful to this freak without a face,

          G   D   A   B
'Cause as he touched my head, I saw myself back in bed.

Verse 4

              A   F#   B
I've flown the house of freezing, the house of Freezing Steel,

    E   A   F#   B
And though my body's back, I know it can't be real,

E   A   F#   B
'Cause I've been on that house with - out a guiding wheel,

  G#   E | A | F# | B ‖
The house of Freezing Steel.

Outro

‖: E | A | F# | B   :‖
Repeat ad lib. to fade

Ghost Town

Words & Music by
Cat Stevens

C   G   A♭   A♭/B♭   B♭   E   A

Intro | C | G | C | G |

| C | G | C | G |

| C | G | C | G   ‖

Verse 1
C   G
Come on let's go down,

C
Everybody's waiting for us

G   C | G | C | G ‖
Down at the ghost town.

C
Bill Bailey said

G
He'd be around if

C   G
Mr. G. Robinson would just put

C | G | C | G ‖
That bad Havana down.

Chorus 1
B♭   A♭/B♭ B♭
Lovely Queen Anne Boleyn

(B♭)
Learning new tricks from

A♭
The Great Houdini,

B♭ A♭
Wo wo—

B♭
Now that's the way

C   G
She's gonna make it—wo wo

Instr. | C | G | C | G |

| C | G | C | G |

C   G   C   G
Come on,

C   G
Verse 2   Come on let's go down
C
Everybody's waiting for us
G   C | G | C | G ‖
Down at the Boom Town.
C   G
O. Redding and Washington,
G   G
Chico and Harpo and Karl
                   C | G | C | G ‖
Are in the kitchen with mum.

B♭   A♭/B♭ B♭
Chorus 2   Buster Keaton and King Tut
(B♭)
Are waiting for Disney
    A♭   B♭   A♭
To wake up—wo wo
(B♭)
Now that's the way—
          C
No that ain't the way he's gonna
     G
Make it.

Instr. | C | G | C | G |

| C | G | C | G |

| C | G | C | G ‖

Outro   ‖: E D | C D | E D | C | C :‖ *Play 3 times*

| E   ‖

Granny

Words & Music by
Cat Stevens

C7   Am7   D9   G   C   D   Fmaj7   E7#9

Intro
| D | C7 | G | D   ‖

Verse 1
            D   **C**
You were always were so nice
  G   **D**
  When it came to problems you knew
D   **C**
I never did think twice,
    G   **D**
About ever coming to you

Chorus 1
D   **C7** **G**   **D**
So granny——— what on earth can I do?
D   **C7**   **G**   **D**
Granny, granny—— what on earth can I do?
     C   **A7**   **D**   **G**
'Cause this little girl— this little girl, she's a driving me wild
D   **G**   **C**   **A7** | D C | D   ‖
She's a driving me wild, so wild, so wild, so wild

Link
| D | C7 | G | D   ‖

Verse 2
            D   **C**
You always straightened me out
G   **D**
When I was feeling rough
D   **C**
But this one I really doubt
    G   **D**
'Cause this one's really tough

Chorus 2

```
D           C  G                  D
Oh granny———— what on earth can I do?
D       C        G                    D
Granny, granny———— what on earth can I do?
          C         A7      D                  G
'Cause this little girl— this little girl, she's a driving me wild
D             G      C                    A7 | D   C | D        ‖
She's-a driving me wild, so wild, so wild, so wild
```

Middle Eight   ‖: Am7 | Fmaj7 | D9 | E7♯9   :‖

Link | D | C7 | G | D   ‖

Chorus 3

```
              C7 G                  D
So, granny———— what on earth can I do?
D       C7      G                  D
Granny, granny— what on earth can I do?
          C        A7      D                  G
'Cause this little girl— this little girl, she's a driving me wild
D             G      C                    A7 | D   C | D        ‖
She's-a driving me wild, so wild, so wild, so wild
```

Outro | D | C7 | G | D   ‖

Greenfields, Golden Sands

Words & Music by
Yusuf Islam

Intro

| (C) | (C) | C C7/B♭ | F/A Fm/A♭ | C/G D7/F♯ |

| D7 G | C G/C | F/C Em | Em E7 2/4 | G7 ‖

Verse 1

4/4
```
C        F/C        G/C        C            C7/B♭
Green fields and golden sands are all I need,
      F/A Fm/A♭  | C/G D7/F♯ |
Are all I want. Mmm.

D7 G                    C      G/C
    Let the wind blow hard,
      F/C  Em | Em E7 2/4 | G7      |
I don't mind. Oh.

(G) C       F/C        G/C  C          C7/B♭
    A small  house and an olive tree to keep and
      Am  Fm/A♭   | C/G D7/F♯ |
Feed my family.      Mmm.

D7 G                   C
    Let the wind blow hard
G/C  F/C  Em  E  2/4 | G7         ‖
I don't mind. Oh.  Oh.
```

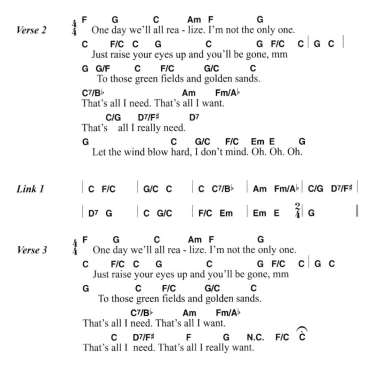

Verse 2
$\frac{4}{4}$
```
F       G       C       Am  F         G
One day we'll all rea - lize. I'm not the only one.
```
```
C      F/C  C   G           C        G  F/C  C│ G  C │
Just raise your eyes up and you'll be gone, mm
```
```
G  G/F    C   F/C     G/C       C
To those green fields and golden sands.
```
```
C7/B♭                Am    Fm/A♭
That's all I need. That's all I want.
```
```
     C/G       D7/F♯        D7
That's  all I really need.
```
```
G                    C   G/C  F/C  Em  E    G
Let the wind blow hard, I don't mind. Oh. Oh. Oh.
```

Link 1
```
│ C  F/C   │ G/C  C   │ C  C7/B♭  │ Am  Fm/A♭│ C/G  D7/F♯ │

│ D7  G    │ C  G/C   │ F/C  Em   │ Em  E  ²₄│ G          ‖
```

Verse 3
$\frac{4}{4}$
```
F       G       C       Am  F         G
One day we'll all rea - lize. I'm not the only one.
```
```
C      F/C  C   G           C        G  F/C  C│ G  C
Just raise your eyes up and you'll be gone, mm
```
```
G          C    F/C     G/C       C
To those green fields and golden sands.
```
```
          C7/B♭      Am    Fm/A♭
That's all I need. That's all I want.
```
```
     C    D7/F♯       F     G    N.C.  F/C  C⌢
That's all I  need. That's all I really want.
```

Hard Headed Woman

Words & Music by
Cat Stevens

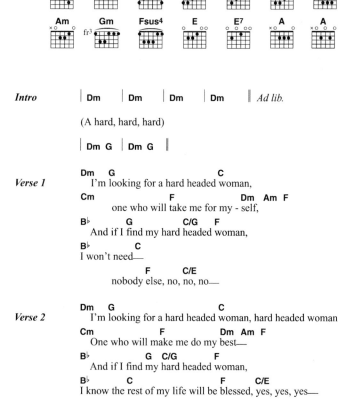

Intro | Dm | Dm | Dm | Dm ‖ *Ad lib.*

(A hard, hard, hard)

| Dm G | Dm G ‖

Verse 1

Dm   G   C
I'm looking for a hard headed woman,

Cm   F   Dm Am F
    one who will take me for my - self,

B♭   G   C/G   F
    And if I find my hard headed woman,

B♭   C
I won't need——

               F   C/E
      nobody else, no, no, no——

Verse 2

Dm   G   C
I'm looking for a hard headed woman, hard headed woman

Cm   F   Dm Am F
    One who will make me do my best——

B♭   G C/G   F
    And if I find my hard headed woman,

B♭   C   F   C/E
I know the rest of my life will be blessed, yes, yes, yes——

Verse 3

```
        Dm   G                 C
        I know a lot of fancy dancers,
            Cm         F              Dm   Am
            people who glide you on a floor—
    Bᵇ        F         Bᵇ        F       C          Gm
    They move so smooth, but have no answers, woah,—
                 C                          F         C/E
    When you ask  "What you come here for?"    "Why?"
                        ("I don't know")
```

Instr.

```
        Dm  G  C                    │ Cm  F │
        Hard headed woman
```

```
    │ Dm  Am  F │ Bᵇ  G  C/G │ F          │

    │ Bᵇ  C │ Fsus⁴  F │ E          ‖
```

Bridge

```
        Am          Dm            Am
        I know many fine feathered friends,
                    Dm                  F        E
        But their friend - liness de - pends on how you do.
        Am          Dm          Am          Dm          F
        They know many sure fired ways, to find out the one who pays,
                    E⁷              A   A⁷
                    and how you do.
```

Verse 4

```
        Dm   G                       C
        I'm looking for a hard headed woman,
    Cm            F            Dm   Am   F
        One who will make me feel so go - od,—
    Bᵇ      F     Bᵇ      F      C
        And if I find my hard headed woman,
                Gm        C                    F     C/E  Dm
        Whoah,— I know my life will be as it should,  Yes, yes, yes—
```

Verse 5

```
        Dm   G                   C
        I'm looking for a hard headed woman, headed woman
    Cm               F             Dm   Am   F
        One who will make me do my best,—
    Bᵇ         G       C/G    F        Dm  G │ Dm  G │ Dm  G │ Dm ‖
        And if I find my hard headed woman—
```

Heaven/Where True Love Goes

Words & Music by
Yusuf Islam

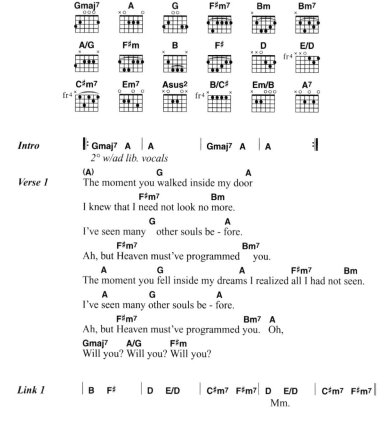

Intro   ‖: Gmaj⁷ A | A | Gmaj⁷ A | A   :‖

          2° w/ad lib. vocals

          (A)   **G**   **A**
Verse 1   The moment you walked inside my door

                    F♯m⁷   **Bm**
          I knew that I need not look no more.

                         G   **A**
          I've seen many other souls be - fore.

                F♯m⁷   **Bm⁷**
          Ah, but Heaven must've programmed   you.

               A   **G**   **A**   **F♯m⁷**   **Bm**
          The moment you fell inside my dreams I realized all I had not seen.

               A   **G**   **A**
          I've seen many other souls be - fore.

                    F♯m⁷   **Bm⁷ A**
          Ah, but Heaven must've programmed you.   Oh,

          Gmaj⁷   **A/G**   **F♯m**
          Will you? Will you? Will you?

Link 1 | B   F♯ | D   E/D | C♯m⁷ F♯m⁷| D   E/D | C♯m⁷ F♯m⁷‖
                                              Mm.

Chorus 1

```
   D              E/D            C♯m7                      F♯m7
‖: I go where true love goes, I go where true love goes. :‖

   D              E/D        C♯m7              F♯m7
   And if you walk alone and if you lose your way,

   D              E/D          C♯m7            F♯m7
   Don't for - get the one who gave you this today.

   D      E/D        C♯m7                F♯m7
   Follow  true love,    follow true love,

   D      E/D        C♯m7                    F♯m7
   Follow  true love,    follow true love.
```

Link 2

```
 | G      | G       | G        | G        |

     Em7      A   Asus2   F♯m7   | B  F♯  |
   Oh, Will you? Will   you? Will you?
```

Chorus 2

```
   D              E/D            C♯m7                      F♯m7
‖: I go where true love goes, I go where true love goes. :‖

   D              E/D        C♯m7                  F♯m7
   And if a storm should come    and if you face a wave.

   D              E/D        C♯m7         F♯m7
   That may be the chance for you to be saved.

   D              E/D                C♯m7            F♯m7
   And if you make it through the trouble and the pain,

   D              E/D            C♯m7              F♯m7
   That may be the time for you to know his name.
```

Link 3

```
 | D  E/D    | C♯m7  F♯m7 | D  E/D    | C♯m7  F♯m7 |

 | D  E/D    | C♯m7  F♯m7 | D  E/D    | C♯m7  B/C♯ ‖
```

Verse 2

(B/C♯)   **D**   **E/D**
The moment you walked inside my door
      C♯m⁷   **F♯m⁷**
I knew that I need not look no more.
     D   **E/D**
I've seen many other souls be - fore.
    C♯m⁷   **F♯m⁷**
Ah, but Heaven must've programmed you.
     D   **E/D**
The moment you fell inside my dream
    C♯m⁷   **F♯m⁷**
I realized all I had not seen.
     D   **E/D**
I've seen many other souls be - fore.
    C♯m⁷   **F♯m⁷**
Ah, but Heaven must've programmed you. Oh.

Link 4

| **D E/D** | **C♯m⁷ F♯m⁷** | **D E/D** | **C♯m⁷ F♯m⁷**‖
Oh.

Verse 3

(F♯m⁷)   **D**   **E/D**
The moment you said "I will"
     C♯m⁷   **F♯m⁷**
I knew that this love was real
     D   **E/D**
And that my fate was sealed.
   C♯m⁷   **F♯m⁷**
Oh, Heaven must've programmed you.
     D   **E/D**
The moment I looked into your eyes
     C♯m⁷   **F♯m⁷**
I knew that they told no lies.
     D   **E/D**
There would be no good-byes.
     C♯m⁷   **F♯m⁷**
Oh, 'cause Heaven must've programmed you. Oh.

Chorus 3

‖: **D**   **E/D**   **C♯m⁷**   **F♯m⁷**
 I go where true love goes, I go where true love goes. :‖

Outro

| **Gmaj⁷** | **Gmaj⁷** | **G** | **G** |

‖: **Em/B** | **A⁷** | **F♯m** | **Bm** :‖ *Repeat to fade*

Here Comes My Baby

Words & Music by
Cat Stevens

G   C   D   Dsus2   Dsus4

Intro | G D | C D | G D | C D ‖

Verse 1

           G   D   C   G   D   (Dsus2 D Dsus4 D Dsus2)
In the mid - night moon - light I'll——

      C   D   G   D   C   D
Be walking—— a long and lonely mile.

        G   D C   G D   (Dsus2 D Dsus4 D Dsus2)
And eve - ry time I   do,

        C   D   G D   C   D
I keep seeing this picture of you.

Chorus 1

               G   D   C   D
Here's comes my baby,

               G   D   C   D
Here she comes now,

        G   D   C   D
And it comes as no surp - rise to me,

C   D
With another guy.

               G   D   C   D
Here's comes my baby,

               G   D   C   D
Here she comes now,

           G   D   C   D
Walking with a love, with a love that's all so fine,

C   D   G   D   C   D
Never could be mine, no matter how I try.

Link 1 | G D | C D | G D | C D ‖

Verse 2

    G   **D** **C**   **G D** (**Dsus² D Dsus⁴ D Dsus²**)
You ne - ver walk alone,

            C   **D**   **G D C** **D**   **C** **D**
And you're forever talking on the phone.

    G   **D C** **G D** (**Dsus² D Dsus⁴ D Dsus²**)
I've tried to call you names,

  C   **D**   **G D** **C** **D**
But every time it comes out the same.

Chorus 2

       G   **D**   **C** **D**
Here's comes my baby,

       G   **D** **C** **D**
Here she comes now,

  G   **D**   **C**   **D**
And it comes as no sur - prise to me,

C   **D**
With another guy.

      G   **D** **C** **D**
Here's comes my baby,

      G   **D** **C** **D**
Here she comes now,

      G   **D**   **C**   **D**
Walking with a love, with a love that's all so fine,

C   **D**   **G** **D** **C** **D**
Never could be mine, no matter how I try.

Link 2 | **G D** | **C D** | **G D** | **C D** ‖

Verse 3

      G   **D C G** **D** (**Dsus² D Dsus⁴ D Dsus²**)
I'm still wait - ing for your heart,

      C   **D**   **G** **D** **C D**
'cause I'm sure that some day it's gonna start.

      G   **D C G** **D** (**Dsus² D Dsus⁴ D Dsus²**)
You'll be mine to hold each day,

      C   **D**   **G** **D** **C** **D**
But 'til then this is all that I can say.

Chorus 3

                 G   **D**   **C**   **D**
Here's comes my baby,

               G   **D**   **C**   **D**
Here she comes now,

     G   **D**   **C**   **D**
And it comes as no surprise to me,

C   **D**
With another guy.

                 G   **D**   **C**   **D**
Here's comes my baby,

               G   **D**   **C**   **D**
Here she comes now,

             G   **D**   **C**   **D**
Walking with a love, with a love that's all so fine,

C   **D**   **G**   **D**   **C**   **D**
Never could be mine, no matter how I try.

Link 3 | **G** **D** | **C** **D** | **G** **D** | **C** **D** ‖

Repeat chorus and fade

Chorus   ‖:   **G** **D** **C**   **D**
               Here's comes my baby etc——

Here Comes My Wife

Words & Music by
Cat Stevens

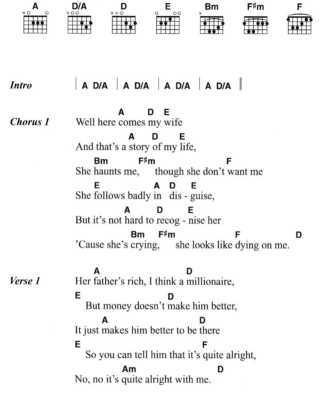

Intro | A D/A | A D/A | A D/A | A D/A ‖

Chorus 1
           A   D   E
Well here comes my wife
              A   D   E
And that's a story of my life,
      Bm   F♯m   F
She haunts me,   though she don't want me
     E   A   D   E
She follows badly in   dis - guise,
           A   D   E
But it's not hard to recog - nise her
          Bm   F♯m   F   D
'Cause she's crying,   she looks like dying on me.

Verse 1
          A   D
Her father's rich, I think a millionaire,
E   D
   But money doesn't make him better,
      A   D
It just makes him better to be there
E   F
   So you can tell him that it's quite alright,
       Am   D
No, no it's quite alright with me.

Chorus 2   As Chorus 1

Verse 2

A   **D**
See that child oh dancing on the floor,
E   **D**
  She's coming up be - hind me,
       A   **D**
How I'd love to tell her she's a bore,
E   **F**
  Oh but I tell her that it's quite alright
        Am   **Em**   **D**
No, no it's quite alright with me.

Chorus 3   As Chorus 1

Outro   ‖: **Em** | **D** | **Em** | **D** |

                  | **Em** | **D** | **Em** | **D** :‖ *Repeat to fade*

Home

Words & Music by
Cat Stevens

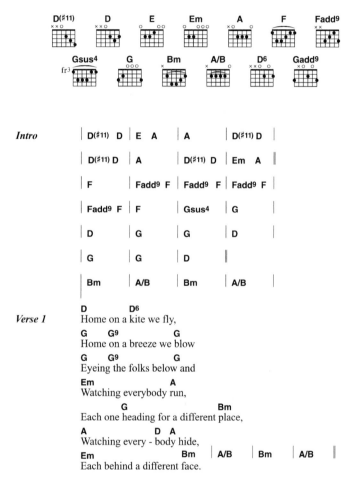

Intro

| D(♯11) D | E   A | A | D(♯11) D |
| D(♯11) D | A | D(♯11) D | Em   A ‖
F	Fadd9 F	Fadd9 F	Fadd9 F
Fadd9 F	F	Gsus4	G
D	G	G	D
G	G	D ‖
Bm	A/B	Bm	A/B

Verse 1

  D   **D6**
Home on a kite we fly,

G   **G9**   **G**
Home on a breeze we blow

G   **G9**   **G**
Eyeing the folks below and

Em   **A**
Watching everybody run,

        G   **Bm**
Each one heading for a different place,

A   **D** **A**
Watching every - body hide,

Em   **Bm** | **A/B** | **Bm** | **A/B** ‖
Each behind a different face.

Verse 2

D　　　　　　　**D6**
Home where the days are long,

G　**Gadd9**　　　　**G**
Back where the people are free,

G　**Gadd9**　　　　**G**
Home, where all sides agree and,

Em　　　　**A**
Everybody has a friend, oh

　　G　　　　　　**Bm**
And no one ever has to grab.

A　　　　　　**D**　**A**
Everybody shares the love,

Em　　　　　　　**Bm**　┃ **A/B**　┃ **Bm**　┃ **A/B**　┃┃
Giving everything they have.

Bridge

Bm　　**A/B**　**Bm**　　　　**A**
Forever, forever, your lamp will burn

Bm　　**A/B**　　　**Bm**　　　　**E**
Forever, home forever would that you'd learn

　　　G　　　　　**D**
That you came with nothing,

　　　　G　　　　**Bm**　┃ **A/B**　┃ **Bm**　┃ **A/B** ┃ **Bm**　**A**┃┃
So with nothing you'll return.

Instr.
┃ **D**　　　┃ **D**　　　┃ **G**　　　┃ **G**　　　┃

┃ **G**　　　┃ **G**　　┃ **Em**　　┃ **A**　　　┃

┃ **G**　　　┃ **Bm**　　┃ **A D A** ┃ **A**　　　┃┃

Bridge 2

C　　　　　　　**D**　**Em**
You know you're not a - lone

　　C　　　　　　　**D**　**E**　　**B**
It's only 'cause you're not at home

　　　　D/A　**A**　　**Bm**
That you feel so out of place.

Bm　　**A/B**　**Bm**　　　　**A**
Forever, forever, your lamp will burn

Bm　　**A/B**　　　**Bm**　　　　**E**
Forever, home forever would that you'd learn

　　　G　　　　**D**
That you came with nothing,

　　　　G　　　　**E**　┃ **Em**　┃ **Bm**　┃ **Em**　┃┃
So with nothing you'll return.

Verse 3

D   **D6**
Home where all the mums can sing,

G   **Gadd9**   **G**
Back where the children don't cry,

G   **Gadd9**   **G**
Home where you never ask why and

Em   **A**
Everybody has enough,

        G   **Bm**
And you don't have to put on clothes

A   **D** **A**
Nobody has to hide

      Em   **Bm** | **A/B** | **Bm** | **A/B** ‖
'Cause everyone already knows.

Outro

| **Bm** | **A/B** | **Bm** | **A/B** |

| **Bm** | **A/B** | **Bm** | **A/B** | **B** ‖

Honey Man

Words & Music by
Cat Stevens & Ken Cumberbatch

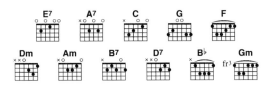

Intro
| E | E | A⁷ | A⁷ |
| C G | F Dm | E⁷ | E⁷ ||

Chorus 1

           E⁷   A⁷
I want to be your honey man,
               C   G   F   Dm E⁷
I want to be, I want to be your honey man.

To wash your clothes, and hold your hand,
                                 A⁷
               C   G   F   Dm E⁷
I want to be, I want to be your honey man.

Verse 1

          Am
You've got a lot,
                    G   C
But all of your money and stuff just isn't e - nough
      B⁷   E⁷
To buy what I can give.
           Am
When things get rough,
                    G   C   B⁷
And all of your friendliest friends all turn into dust,
E⁷
We will live.

Verse 1

Am   G
Lady, you know I'll give you the world

(I'll sacrifice for you

Even die for you, do what you want girl)

      C   B7   E7
I'll sacrifice girl, anything.

Am   G
Lady, I'll do it all on my own,

(I'll sacrifice for you

Even die for you)

       C   B7
Be - lieve me.

Chorus 2

           E7   A7
Oh can't you see I want to be,

          C   G   F   Dm   E7
I want to be, I want to be your honey man.

                          A7
To wash your clothes, and hold your hand,

          C   G   F   Dm   E7
I want to be, I want to be your honey man.

          A7
Your honey man,

          D7
Your honey man,

          F   C   B♭   Gm F C   B♭   Gm
I want to be, I want to be your honey man.

F   C   B♭   Gm A7
Be, I want to be your honey man.

Instr.

| Dm | C | F E7 | Am |

| Dm | C | F E7 | E7 ‖

Chorus 3

       A7   **D7**

Oh can't you see (oh can't you see) I want to be, (I want to be)

      F   **C**   **B♭**   **Gm** **A7**

I want to be, I want to be your honey man.

To wash your clothes, (to wash your clothes)

          D7

And hold your hand, (and hold your hand)

      F   **C**   **B♭**   **Gm** **A7**

I want to be, I'd love to be your honey man.

Outro

         A7

‖: Your honey man, (your honey man)

    D7

Your honey man, (your honey man)

      F   **C**   **B♭**   **Gm** **A7**

I want to be, I'd love to be your honey man.

To wash your clothes, (to wash your clothes)

          D7

And hold your hand, (and hold your hand)

      F   **C**   **B♭**   **Gm** **A7**

I want to be, I'd love to be your honey man.

Your honey man, (your honey man)

    D7

Your honey man, (your honey man)

      F   **C**   **B♭**   **Gm** **A7**

I want to be, I want to be your honey man. :‖ *Repeat to fade*

Home In The Sky

Words & Music by
Cat Stevens

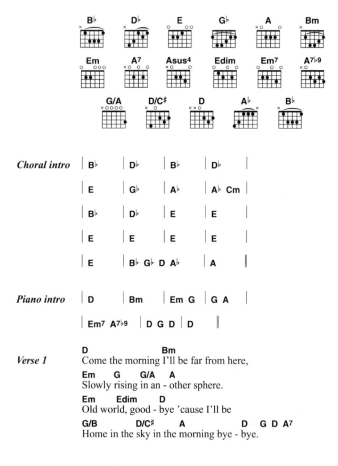

Choral intro | B♭ | D♭ | B♭ | D♭ |

| E | G♭ | A♭ | A♭ Cm |

| B♭ | D♭ | E | E |

| E | E | E | E |

| E | B♭ G♭ D A♭ | A ‖

Piano intro | D | Bm | Em G | G A |

| Em⁷ A⁷♭⁹ | D G D | D ‖

Verse 1

    D   Bm
Come the morning I'll be far from here,

    Em   G   G/A   A
Slowly rising in an - other sphere.

    Em   Edim   D
Old world, good - bye 'cause I'll be

    G/B   D/C♯   A   D   G D A⁷
Home in the sky in the morning bye - bye.

cont.
    D   **D/C♯** **Bm**   **D/A**
Stars are crying over my old house,

      Em   **G**   **G/A**   **A**
But I'm still breathing happy a - bove the clouds.

Em   **A7♭9**   **D**
Home, home at last

          G   **D/F♯**   **A**
Because all of the bad times are past.

Interlude | **D G D** | **A D** ‖

Verse 2
  A♭   **E**   **A**   **D**
Music is a lady that I still love,

          C   **Bm**   **Asus4**
'Cause she gives me the air that I breathe

A♭   **B**   **A**   **D**
Music is a lady that I still need

        C   **Bm**   **Asus4**| **B♭** **A** ‖
'Cause she brings me the food that I eat

Piano Link | **D** | **Bm** | **Em G** | **G A** |

            | **Em7 A7♭9** | **D** | **G D** | **A7** ‖

Verse 3
D   **Bm**
Come the morning I'll be far from here

Em   **G**   **G/A**   **A**
Slowly rising In an - other sphere.

Em   **Edim**   **D**
Old world good - bye

         G   **D/F♯**
'Cause I'll be home In the sky

               G   **D A7** ‖
In the morning, bye, bye

Outro | **D** | **A♭** | **B♭ F E D C**|

       | **C** | **Em A7** | **D**   ‖

How Can I Tell You

Words & Music by
Cat Stevens

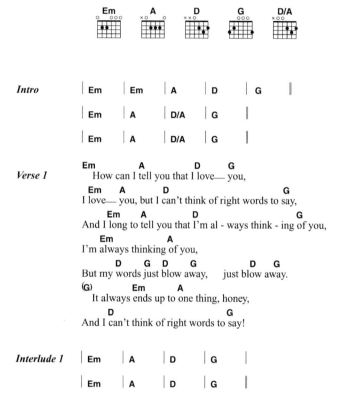

	Em	Em	A	D	G	

Intro

	Em	A	D/A	G	

	Em	A	D/A	G	

Verse 1

Em   A   D   G
How can I tell you that I love— you,

Em   A   D   G
I love— you, but I can't think of right words to say,

      Em   A   D   G
And I long to tell you that I'm al - ways think - ing of you,

      Em   A
I'm always thinking of you,

       D   G D   G   D   G
But my words just blow away,   just blow away.

(G)   Em   A
  It always ends up to one thing, honey,

     D   G
And I can't think of right words to say!

Interlude 1

	Em	A	D	G	

	Em	A	D	G	

Verse 1

   Em   **A**   **D**   **G**
Wherever I am, girl, I'm al - ways walking with you,

    Em   **A**   **D**   **G**
I'm always walking with you, but I look and you're not there,

    Em   **A**   **D**   **G**
And whoever I'm with, I'm always, al - ways talking to you,

    Em   **A**   **D**   **G**
I'm always talking to you, and I'm sad that you can't hear,

D   **G**
Sad that you can't hear,

   Em   **A**
It always ends up to one thing, honey,

   D   **G**
When I look, and you're not there!

Instr.   ‖: **Em** | **A** | **D** | **G**   :‖   *Play 4 times*

Verse 4

   Em   **A**   **D**   **G**
I need to know you, need to feel my arms around you,

   Em   **A**   **D**   **G**
To feel my arms surround you, like sea around a shore,

Em   **A**   **D**   **G**
Each night and day I pray in hope that I might find you,

Em   **A**   **D**   **G**
In hope that I might find you, because hearts can do no more,

D   **G**
Can do no more!

   Em   **A**
It always ends up to one thing, honey,

    D   **G**
Still I kneel upon the floor.

Instr. 2 | **Em** | **A** | **D/A** | **G**   ‖

Verse 5   As Verse 1

    | **Em** | **A** | **D**   ‖

How Many Times

Words & Music by
Cat Stevens

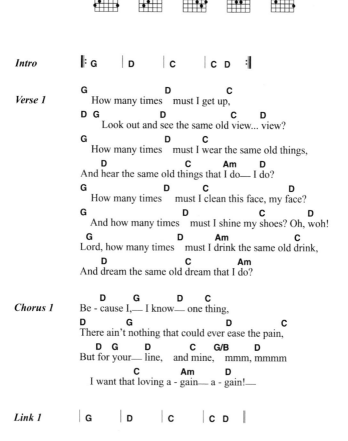

Intro

‖: G | D | C | C D :‖

Verse 1

G   D   C
How many times   must I get up,

D G   D   C   D
   Look out and see the same old view... view?

G   D   C
How many times   must I wear the same old things,

      D   C   Am   D
And hear the same old things that I do— I do?

G   D   C   D
How many times   must I clean this face, my face?

G   D   C   D
  And how many times   must I shine my shoes? Oh, woh!

 G   D   Am   C
Lord, how many times   must I drink the same old drink,

     D   C   Am
And dream the same old dream that I do?

Chorus 1

       D   G   D   C
Be - cause I,— I know— one thing,

D   G   D   C
There ain't nothing that could ever ease the pain,

D G   D   C   G/B   D
But for your— line,   and mine,   mmm, mmmm

           C   Am   D
  I want that loving a - gain— a - gain!—

Link 1

| G | D | C | C D |

Verse 2

G   D   C   D
How many times   must I pass your place— your place?

G   D   C   D
And how many times   must I follow you— you?

G   D   Am   C
How many times   must I see thet same old things,

       D   C   Bm Am
When all I should be seeing is   you?

Chorus 2

       D   G   D   C
Be - cause I,— I know— one thing,

       D   G   D   C
There ain't nothing that could ever ease the pain,

       D   G   D   C   G/B
But for your— your line,   and mine,

D   C   Am   D
I want that loving a - gain,— a - gain!—

Instr.

| G | D | C | C D ‖

    G   D   C   D G
A - gain,   must I follow you?—

   D C
Must I wear the same old thing?

| D | C | Am | Am D |

Outro

| G | D | C | C D |

| G | D | C | C D |

| G | D | C | C D |

| D | C | Am | D | G ‖

Hummingbird

Words & Music by
Cat Stevens

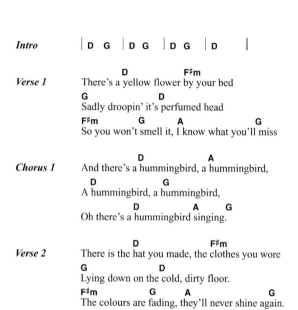

Intro | D G | D G | D G | D   ‖

Verse 1
          D   F#m
There's a yellow flower by your bed
G   D
Sadly droopin' it's perfumed head
F#m   G   A   G
So you won't smell it, I know what you'll miss

Chorus 1
                  D   A
And there's a hummingbird, a hummingbird,
          D   G
A hummingbird, a hummingbird,
                  D   A   G
Oh there's a hummingbird singing.

Verse 2
                  D   F#m
There is the hat you made, the clothes you wore
G   D
Lying down on the cold, dirty floor.
F#m   G   A   G
The colours are fading, they'll never shine again.

Chorus 2

| | D   A |
And there's a hummingbird, a hummingbird,

| | D   G |
A hummingbird, a hummingbird,

| | D   A   G |
Oh there's a hummingbird singing.

| D G | D G | D G | D |

Instr.

| D | A | D | G |

| D | A | G | D G | D ‖

Verse 3

| D   F♯m |
Now the road it's turning grey,

| G   D |
There's a shadow where you once lay.

| F♯m   G   A   G |
They'll find it tomorrow, and think you went alone.

Chorus 3

| | D   A |
But there's a hummingbird, a hummingbird,

| | D   G |
A hummingbird, a hummingbird,

| | D   A   G | D   G | D ‖
Ah there's a hummingbird crying.

123

The Hurt

Words & Music by
Cat Stevens

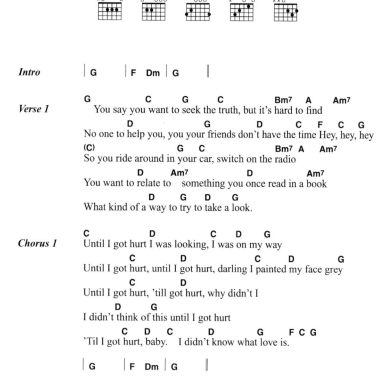

Intro | G | F   Dm | G   ‖

Verse 1
G   C   G   C   Bm7   A   Am7
You say you want to seek the truth, but it's hard to find

             D   G   D   C   F   C   G
No one to help you, you your friends don't have the time Hey, hey, hey

(C)   G   C   Bm7 A   Am7
So you ride around in your car, switch on the radio

                D   Am7   D   Am7
You want to relate to   something you once read in a book

               D   G   D   G
What kind of a way to try to take a look.

Chorus 1
C   D   C   D   G
Until I got hurt I was looking, I was on my way

              C   D   C   D   G
Until I got hurt, until I got hurt, darling I painted my face grey

              C   D
Until I got hurt, 'till got hurt, why didn't I

        D   G
I didn't think of this until I got hurt

           C   D   C   D   G   F C G
'Til I got hurt, baby.   I didn't know what love is.

| G | F   Dm | G   ‖

Verse 2

                           C   **Bm7** **A**   **Am7**
You say you want to learn to laugh 'cause music makes you cry

          D   **G**   **D**   **C** **F**   **C** **G**
But the tears you shed are only in your eye

                   G **C**   **Bm7** **A**   **Am7**
So you turn to any pho - ney mouth with a tale to tell

       D   **Am7**   **D**   **Am7**
But he's just a hoaxer don't you know, selling peace and religion

         D   **G**   **D**   **G**
Between his jokes and his karma chewing gum.

Chorus 2

C   **D**   **C**   **D**   **G**
Until I got hurt, I was looking, I was the same as you

      C   **D**   **C**   **D**   **G**
Until I got hurt, until I got hurt, I did not know what to do

      C   **D**
Until I got hurt, 'til got hurt, why didn't I

C   **D**   **G**
I didn't think of this until I got hurt

       C **D** **C**   **D**   **G**
'Til I got hurt, baby,   I didn't know what love is.

Middle 8

Bm   **Em** **C**   **Am**
Young son, don't let me down, young son

Em   **Am** **D**   **G**
I'm trusting you to keep on, never turn away now

Bm **Em** **C**   **G**   **Am**
Hold on, never let go, now hold on

Em   **Am**
Turn you heart to the bright sun

D   **G**
Love will come your way

      Am7   **D**
'Cause 'til you make that final show

Em   **G**   **C**   **D**   **G**
You'll never know what love you've been miss - ing

G7   **C**   **D7** **G**
  Miss - ing.

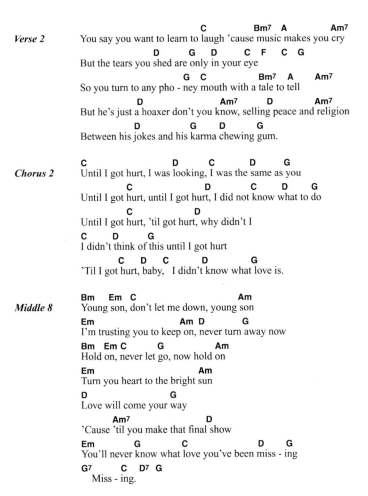

Verse 3

```
G            C         G          C              Bm7  A    Am7
You say you want to seek the truth but you work alone
             D            G           D         C   F  C   G
No one to help you and nobody to push you on
                          C              Bm7  A    Am7
So you sit at home drinking your wine, tele - vision on
             D       Am7                                  D    Am7
You wait for a miracle,   'cause you say one day one'll come along
             D           Am7              D                  Am7
(But wishful thinking, boy) any minute now you might be gone
         D                      G          D    G
I'd like to help you brother but that would be wrong.
```

Chorus 3

```
                C   D          C    D   G
Until I got hurt I was looking, I was on my way
                C            D          C    D        G
Until I got hurt, until I got hurt, darling I didn't know which way
                C           D
Until I got hurt, 'til got hurt, why didn't I
C     D     G
I didn't think of this until I got hurt
           C   D   C       D       G
'Til I got hurt, baby,   I didn't know what love is.
```

Interlude

```
| A      | A      | A      | A      |
| C      | C      | C      | C      | C  D  ‖
```

Outro

```
C      D    C    D      G
Until I got hurt, oh I didn't know what love is—
| F   C  | G      ‖
```

126

I Think I See The Light

Words & Music by
Cat Stevens

Intro   ‖: C♯ E │ F♯ A E │ C♯ E │ F♯ A E :‖

                C♯   E   F♯
Verse 1   I used to trust nobody,
                              A   E   C♯   E F♯ A E
                   trusting even less their words,
                C♯   E   F♯
                Until I found somebody,
                              A   E   C♯   E F♯ A E
                   there was no one I pre - ferred,
                C♯   E   F♯
                My heart was made of stone,
                              A   E   C♯   E F♯ A E
                   my eyes saw only misty grey,
                C♯   E   F♯
                Until you came into my life girl,
                              A   E   C♯   E F♯ A E
                   I saw every - one that way.

                G♯m   F♯   E   A
Pre-chorus 1   Until I found the one I needed at my side,
                G♯m   D♯   G♯m   A   D♯
                I think I would have been a sad man all my li - i - ife.

Link 1   │ C♯7 F♯/C♯ │ C♯7 F♯/C♯ │ C♯7 F♯/C♯ │ C♯7 F♯/C♯ ‖

Chorus 1

F#C#   E   F#sus4 B   F#
    I think I see the light   coming to me,

            B
Coming through me,

F#   C#7 F#/C# C#7 F#/C#
Giving me a second sight.

    C#   E   F#sus4 F#
So shine, shine, shine,

C#   E   F#sus4 F#
Shine, shine, shine,

C#   E   F#sus4 F#
Shine, shine, shine.

| C# | C# | ‖

Verse 2

C#   E   F#   A   E   C#   E F# A
    I used to walk alone,   every step seemed the same.

C#   E   F#
    This world was not my home,

                     A   E   C#   E F# A E
       so there was nothing much to gain.

C#   E   F#
    Look up and see the clouds,

               A   E   C#   E F# A E
       look down and see the cold floor.

C#   E   F#
    Until you came into my life girl,

               A   E   C# E F# A E
       I saw nothing, nothing more.

Pre-chorus 2   As Pre-chorus 1

Link 2   As Link 1

Chorus 2   As Chorus 1

128

Instr.   As Pre-chorus 1 (instrumental)

Link 2   As Link 1

F♯C♯   **E**   **F♯sus⁴ B**   **F♯**
Chorus 3   I think I see the light   coming to me,
                 B
                 Coming through me,
                 F♯   **C♯7 F♯/C♯ C♯7 F♯/C♯**
                 Giving me a second sight.
                   C♯   E   **F♯sus⁴ F♯**
                 So shine, shine, shine,
                 C♯   E   **F♯sus⁴ F♯**
                 Shine, shine, shine,
                 C♯   E   **F♯sus⁴ F♯**
                 Shine, shine, shine,
                 C♯   E   **F♯sus⁴ F♯**
                 Shine, shine, shine,
                 C♯   E   **F♯sus⁴ F♯**
                 Shine, shine, shine.
                 C♯   E   **F♯sus⁴**   **F♯**
                 Shine, shine, shine.

I Love My Dog

Words & Music by
Cat Stevens

E   Esus⁴   A   Asus⁴   B   Emaj⁷   G

Intro | E | Esus⁴ | E | Esus⁴ |

| E | Esus⁴ | Esus⁴ | E |

E   Esus⁴   E   Esus⁴
I love my dog as much as I love you

   E   Esus⁴   A   E
But you may fade, my dog will always come through.

Emaj⁷   A
All he asks from me is the food to give him strength

Emaj⁷   A
All he ever needs is love and that he knows he'll get

E   Esus⁴   E   Esus⁴
So, I love my dog as much as I love you

   E   Esus⁴   E
But you may fade, my dog will always come through.

Emaj⁷   A
All the pay I need comes shining through his eyes

Emaj⁷   A   B
I don't need no cold water to make me realise that

E   Esus⁴   E   Esus⁴
I love my dog as much as I love you

   E   Esus⁴   A   Esus⁴
But you may fade, my dog will always come through.

Asus⁴   A
Na, na, na, na, na, na, na, na...

Asus⁴   A
Na, na, na, na, na, na, na, na...

Reprise: | E | Esus⁴ | E | Esus⁴ ‖

E   Esus⁴   E   Esus⁴

So I love my dog as much as I love you

    E   Esus⁴   E

But you may fade, my dog will always come through.

Middle 8 | G | G | G | G   ‖

Asus⁴   A

Na, na, na, na, na, na, na, na...

Asus⁴   A

Na, na, na, na, na, na, na, na...

Reprise: | E | Esus⁴ | E | Esus⁴ ‖

E   Esus⁴   E   Esus⁴

I love my dog, Baby, I love my dog. Na, na, na... *Repeat to fade*

I Love Them All

Words & Music by
Cat Stevens

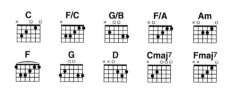

Intro | C | C |

Verse 1
           F/C   **G/B**   **C**
While lookin' into my drawer only yesterday,
            F/A   **G/B**   **Am**
You know, the things that I saw made me cry.
      F/C   **G/B**
I saw the pictures and letters,
     C   **Am**
I should have known better,
F   **G** | **G**
   Than to try to de - ny.

Chorus 1
   F
I love them all,
   F
I love them all.
          C
And if they came a - gain,

I'd do the same again,
      F   **G**   **C**
'Cause I'm… that kind of a guy.

| F | F | C | C |
F G   C | C
I'm   that kind of a guy.

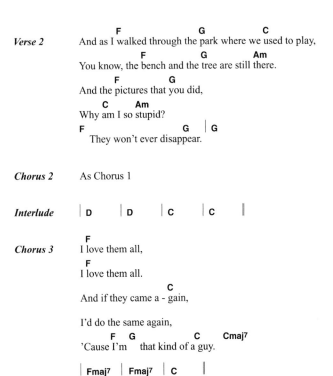

Verse 2

    F   **G**   **C**
And as I walked through the park where we used to play,

         F   **G**   **Am**
You know, the bench and the tree are still there.

    F   **G**
And the pictures that you did,

  C   **Am**
Why am I so stupid?

F   **G** | **G**
  They won't ever disappear.

Chorus 2   As Chorus 1

Interlude | D | D | C | C   ‖

Chorus 3   **F**
I love them all,

F
I love them all.

             C
And if they came a - gain,

I'd do the same again,

       F **G**   **C**   **Cmaj7**
'Cause I'm   that kind of a guy.

| **Fmaj7** | **Fmaj7** | C   ‖

(I Never Wanted) To Be A Star

Words & Music by
Cat Stevens

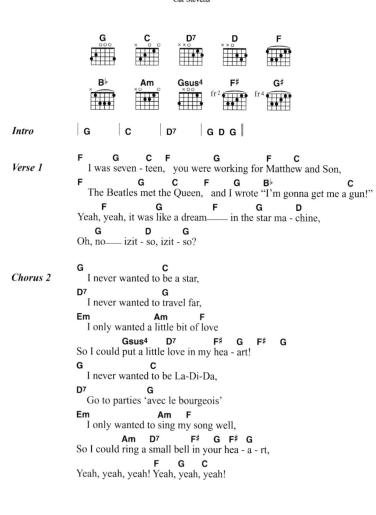

Intro | G | C | D7 | G D G ‖

Verse 1

F   G   C F   G   F   C

I was seven - teen,   you were working for Matthew and Son,

F   G   C   F   G   B♭   C

The Beatles met the Queen,   and I wrote "I'm gonna get me a gun!"

      F   G   F   G   D

Yeah, yeah, it was like a dream—— in the star ma - chine,

      G   D   G

Oh, no—— izit - so, izit - so?

Chorus 2

   G   C

I never wanted to be a star,

D7

I never wanted to travel far,

Em   Am   F

I only wanted a little bit of love

          Gsus4   D7   F♯ G F♯   G

So I could put a little love in my hea - art!

G   C

I never wanted to be La-Di-Da,

D7   G

Go to parties 'avec le bourgeois'

Em   Am   F

I only wanted to sing my song well,

           Am   D7   F♯ G F♯ G

So I could ring a small bell in your hea - a - rt,

              F   G   C

Yeah, yeah, yeah! Yeah, yeah, yeah!

Verse 2

F　　　G　　C　　F　　　　G　　　B♭　　　　　C
I was on the road,　sleep - ing between lorry lights, oh no,

F　　　G　　　　C　　F　　　G　　B♭　C
Stone drunk and cold,　heading into a bad night, yeah, yeah

F　　　G　　F　　　　G　　　　D
Just a - nother bean in the star ma - chine,

　　　G　　　　D
Hi-ho—— here I go!

　　　　　G
Here I go!

| G | C | D7 | G | |

| Em | Am F | Gsus4　D7 | F♯　G |

Chorus 2

G　　　　　　　　C　　　D7　　　　　　　　G
I never wanted to be a star,　buy my mum a Fer - rari car,

Em　　　　　　　　Am　　　　F
I only wanted to run my own race,

　　　　　　　Gsus4　　　D7　　　　　　F♯　　G　F♯　G
So I could win a small place in your hea - a - rt,

　　　　　　　　　F　　　G　　C　　　G
Yeah, yeah, yeah! Yeah, yeah, yeah!

Verse 3

F　　　　　　G　　　C
But nature found a way,

F　　　　　　　G　　　B♭　C　　　　G
It picked me up off the dark side, yeah, yeah,

F　　　　G　　　C
Showed me a - nother day,

F　　　　G　　　B♭　　　　　　C
It made me sing　'I think I see the light!'

F　　　G　　F　　　　G　　　　D
Not a - nother bean in the star ma - chine,

　　　G　　　　　D
Oh, no, this time I won't go!

Chorus 3

G　　　　　　　　　C
I never wanted to be a star,

D7　　　　　　　G
I never wanted to travel far,

Em　　　　　　　　Am　　　F
I only wanted a little bit of love,

　　　　　　　Gsus4　　　D7　　　　　　F♯　　G
So I could put a little love in my hea - art.

Outro

| G♯ G | G♯ G | G♯ | G | ‖

135

I See A Road

Words & Music by
Cat Stevens

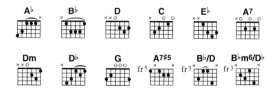

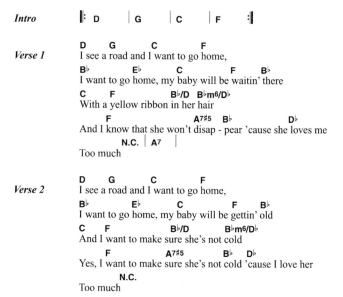

Intro

‖: D | G | C | F :‖

Verse 1

D   G   C   F
I see a road and I want to go home,
B♭   E♭   C   F   B♭
I want to go home, my baby will be waitin' there
C   F   B♭/D B♭m6/D♭
With a yellow ribbon in her hair
        F   A7♯5 B♭   D♭
And I know that she won't disap - pear 'cause she loves me
          N.C. | A7 |
Too much

Verse 2

D   G   C   F
I see a road and I want to go home,
B♭   E♭   C   F   B♭
I want to go home, my baby will be gettin' old
C   F   B♭/D   B♭m6/D♭
And I want to make sure she's not cold
        F   A7♯5   B♭ D♭
Yes, I want to make sure she's not cold 'cause I love her
          N.C.
Too much

| **A E D E** |

	A			**D**			**A**				**D**
Middle Eight Where silk music plays out in the country out of the way

E **D** **A** **D**
We'll make love, yeah, under the blue sky above

E **N.C.**
And we'll be riding on top of the world.......

| **E** | | **E** | | **E** | | **A** | |

Verse 3   As Verse 1

D **G** **C** **F**
‖: I see a road and I want to go home.... :‖ *Repeat to fade*

I Think I See The Light

As recorded on *An Other Cup* (2006)

Words & Music by
Yusuf Islam

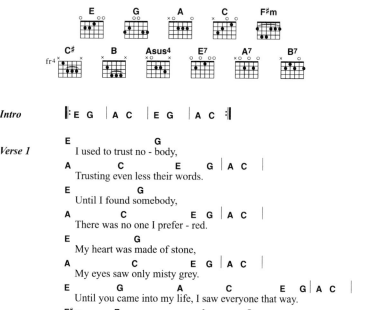

Intro ‖: E G | A C | E G | A C :‖

Verse 1

E   G
I used to trust no - body,

A   C   E   G | A C |
Trusting even less their words.

E   G
Until I found somebody,

A   C   E G | A C |
There was no one I prefer - red.

E   G
My heart was made of stone,

A   C   E G | A C |
My eyes saw only misty grey.

E   G   A   C   E G | A C |
Until you came into my life, I saw everyone that way.

F♯m   E   A   G
Until I found the one I need - ed at my side,

F♯m   E   A   G   C♯ 2/4 | C♯ |
I think I would have been a blind man all my life.

Link 1   4/4 | B E | B E | B E | B E ‖

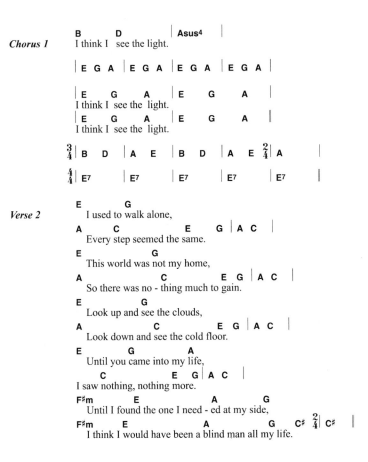

Chorus 1

    B   D | Asus4 |
I think I   see the light.

| E G A | E G A | E G A | E G A |

| E   G   A | E   G   A |
I think I see the light.

| E   G   A | E   G   A ‖
I think I see the light.

3/4 | B D | A E | B D | A E 2/4| A |

4/4 | E7 | E7 | E7 | E7 | E7   ‖

Verse 2

E   G
I used to walk alone,

A   C   E   G | A C |
Every step seemed the same.

E   G
This world was not my home,

A   C   E G | A C |
So there was no - thing much to gain.

E   G
Look up and see the clouds,

A   C   E G | A C |
Look down and see the cold floor.

E   G   A
Until you came into my life,

C   E G| A C |
I saw nothing, nothing more.

F♯m   E   A   G
Until I found the one I need - ed at my side,

F♯m   E   A   G C♯ 2/4| C♯ ‖
I think I would have been a blind man all my life.

Link 2   As Link 1

```
                    B        D              | Asus⁴  |
Chorus 2            I think I see the light
                   | E      G      A    | E      G      A    |
                   I think I see the light.  Shine.  Shine.  Shine.
                   | E      G      A    | E      G      A    |
                   I think I see the light.  Shine.  Shine.  Shine.
                   | E      G      A    | E      G      A    |
                   I think I see the light.
                   | E      G      A    | E      G      A    ||
                   ₃ I think I see the light.
                   ⁴| B    D   | A    E  | B    D   | A    E ||
                    Shine shine shine      Shine shine shine

                   | B    D ²⁄₄| A        ⁴⁄₄| E⁷       | E⁷       | E⁷      ||


Link 3             | F♯m  E  | A   G  | F♯m  E ²⁄₄| A      ⁴⁄₄| G       | C♯      ||

                   | B  E    | B  E    | B  E    | B  E    ||


Chorus 3           | N.C.                    | Asus⁴                   |
                    I think I see the light.                Coming
                   | E                       | Asus⁴              |
                    To me,  coming through     me.
                   | E   N.C.                | B⁷  E   | B⁷  E ||
                    Giving me a second sight.            So

                   ₃‖: B  D    | A  E    | B  D    | A  E    :|| Play 3 times
                   ⁴
                   ²⁄₄| A    ⁴⁄₄| E⁷       | E⁷       | E⁷       | E⁷      ||
                    Shine

Chorus 4           ‖: E  G  A  | E  G  A  | E  G  A  | E  G  A  :|| Play 8 times
                    w/vocal ad lib.

Outro              | E  G  A⁷  | E  G  A⁷  | E  G  A⁷  |

                   | E⁷       | E⁷       | ⌢E⁷      ||
```

I Want To Live In A Wigwam

Words & Music by
Cat Stevens

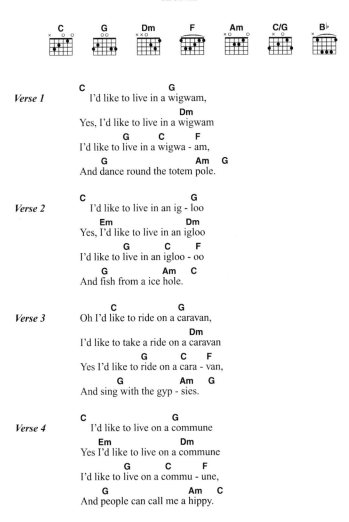

Verse 1

     C   G
I'd like to live in a wigwam,

                      Dm
Yes, I'd like to live in a wigwam

         G   C   F
I'd like to live in a wigwa - am,

    G   Am   G
And dance round the totem pole.

Verse 2

     C   G
I'd like to live in an ig - loo

    Em   Dm
Yes, I'd like to live in an igloo

        G   C   F
I'd like to live in an igloo - oo

    G   Am   C
And fish from a ice hole.

Verse 3

       C   G
Oh I'd like to ride on a caravan,

                Dm
I'd like to take a ride on a caravan

         G   C   F
Yes I'd like to ride on a cara - van,

     G   Am   G
And sing with the gyp - sies.

Verse 4

   C   G
I'd like to live on a commune

   Em   Dm
Yes I'd like to live on a commune

      G   C   F
I'd like to live on a commu - une,

   G   Am   C
And people can call me a hippy.

Instr.

C/G	G	G	Am	
Dm	G	Dm G	Dm	
Dm E	Am	Am	C	‖

Verse 5

    C   G
I don't want to live in a palace,

                         Dm
No I don't want to live in no palace

                    G   C   F
Oh I don't want to live in a pala - ace,

        G   Am   C
There's too many empty rooms.

Verse 6

          C   G
And I don't want to live in a barracks,

       Em   Dm
Don't want to live in the barracks,

                 G   C   F
Oh I don't want to live in the barra - acks

   G   Am
And wake up to the bugle tune.

Verse 7

      C   G
I'd just like to live on a tree hut.

                 Dm
Yes I'd like to live on a tree hut

             G   C   F
Yes I'd like to live on a tree hu - ut,

     G   Am   C
And listen to the sound of the birds.

Verse 8

        C   G
And I don't want to live in a jailhouse,

       Em   Dm
Don't want to bide my time in no jailhou - use,

           G   C   F
No I don't wanna live in no jailhouse,

   G   Am
And be fed bread through the bars.

   F
I'm glad I'm alive am I,

   B♭   **C**
I'm glad I'm alive am I,

   B♭   **F**
I'm glad I'm a - live,

   B♭   **F**
I'm glad I'm a - live,

   B♭   **C**
I'm glad I'm alive am I.

   F
We gotta get our heads up in the sky,

   B♭   **C**
We gotta get our heads up in the sky,

   B♭   **F**
We gotta get our heads up,

   B♭ **Am** **Dm**
We gotta give a try,

   B♭   **C**
We gotta get our heads up in the sky.

   F
We gotta get a Heaven, get a guide

   B♭   **C**
We gotta get a Heaven, get a guide,

   B♭   **F**
We gotta get a Heaven

   B♭   **F**
We gotta have a guide,

   B♭   **C** | **Am** | **Am** ‖
We gotta get a Heaven, get a guide.

In The End

Words & Music by
Yusuf Islam

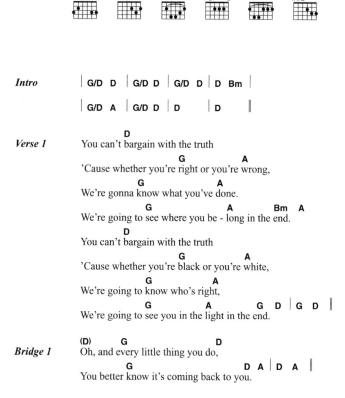

Intro | G/D D | G/D D | G/D D | D Bm |

| G/D A | G/D D | D | D   ‖

Verse 1
              D
You can't bargain with the truth
                    G   **A**
'Cause whether you're right or you're wrong,
             G   **A**
We're gonna know what you've done.
                   G   **A**   **Bm** **A**
We're going to see where you be - long in the end.
              D
You can't bargain with the truth
                   G   **A**
'Cause whether you're black or you're white,
             G   **A**
We're going to know who's right,
             G   **A**   **G** **D** | **G** **D** ‖
We're going to see you in the light in the end.

Bridge 1
     (D)   **G**   **D**
Oh, and every little thing you do,
           G   **D** **A** | **D** **A** ‖
You better know it's coming back to you.

Verse 2

   (A)   **D**   **F♯m**   **Bm**
You can't bargain with the truth

     A   **G**   **A**
'Cause one day you're gonna die,

       G   **A**   **G**
And good's go - ing high

A   **G**   **A**   **G**   **D**
  And e - vil's go - ing down in the end.

Link 1   ❘ **D F♯m Bm A** ❘ **G** **A**   ❘

           ❘ **G** **A**   ❘ **G** **D**   ‖

Verse 3

            D
You can't bargain with the truth

            G   **A**
Whether you're old or young,

          G   **A**
We're going to see what you've done.

           G   **Bm** **A**
There'll be no - where else to run in the end.

            D
You can't bargain with the truth,

            G   **A**
Whether you're rich or you're poor,

           G   **A**
You're going to meet at the same door,

           G   **A**   **G** ❘ **G** **D** ‖
You're going to know the real score in the end.

Bridge 2

   (D)   **G**   **Bm**
And if you want to help your fellow man,

           G   **D** **A** ❘ **D** **A** ‖
You better start with what's in your hand.

Verse 4

   (A)   **D**   **F♯m**   **Bm**
You can't bargain with the truth

     A   **G**   **A**
'Cause whether you're right or you're wrong,

           G   **A**   **G**
We're going to know what you've done,

A   **G**   **A**   **G**   **D**
  Gonna to see where you belong in the end.

Link 2 | D F#m Bm A | G A | G A |

               | Bm A | D | G A |

               | G A | A D A D | Dsus4 D |

               | G D | G | D |
                                       Mmm.

               | G | D A | D A   ‖
             Mmm.

Verse 5

             (A)   **D**
             You can't bargain with the truth
                    G   **A**
             'Cause if the world you chose
             G   **A**
             No further than our nose
                         G   **A**   **Bm A**
             Will be where the doors will close in the end.
                    D
             You can't bargain with the truth
                   G   **A**
             'Cause for those who would de - ceive
                  G   **A**
             There'll be no reprieve,
                      G   **A**   **G** | **G D** ‖
             There'll be no time to believe in the end.

Bridge 3

             (D)   **G**   **D**
             Oh, and every little thing you do,
                     G   **Bm**| **D A** ‖
             You better know it's coming back to you.

Verse 6   As Verse 2

Link 3   As Link 2

Outro | G A | Dsus4 D | ⌢D   ‖

146

The Joke

Words & Music by
Cat Stevens

C   F/C   F   G   Am   E7

Intro   ‖: C | C | C | C :‖

Verse 1
                           F/C C
There's too many ob - ject - ions
                           F/C C
And not enough cor - recti - ons,
                           F/C C
There's too much of the old way,
                        F/C C
We're sitting on the new day.

Pre-chorus 1
        F G   F C
Na, na, naah, na, na, na,
        F G   F C
Na, na, naah, na, na, na,
        F G   F C
Na, na, naah, na, na, na.

Link 1 | C | C | C | C ‖

Verse 2
                        F/C C
There's too many sche - mers
                    F/C C
And not enough drea - mers,
                   F/C C
There's too many bad blues
                   F/C C
And not enough good news.

Pre-chorus 2
    F **G**   **F** **C**
Na, na, naah, na, na, na,

    F **G**   **F** **C**
Na, na, naah, na, na, na.

Chorus 1
               F
That's what the joke is,

  G   **C**
And that's what the joke's made of,

E7   **Am**
That's what the joke is,

 F   **E7**   **Am**
And that's what the joke's made of,

 F   **G**   **C**
Yes that's what the joke's made of.

Verse 3
               F/C **C**
There's too many con - fus - ions

           F/C **C**
And not enough so - lut - ions,

         F/C **C**
The world's disap - pear - ing

      F/C **C**
But nobody's car - ing.

Pre-chorus 3 As Pre-chorus 2

Chorus 2
                F
Now that's what the joke is,

G   **C**
That's what the joke's made of,

E7   **Am**
That's what the joke is,

 F   **E7** **Am**
And that's what the joke's made of,

 F   **G**   **C** | **C** | **C** | **C** ‖
Yes that's what the joke's made of.

Link 2　　　| G　F　| C　F　| G　F　| C　　　‖

Bridge

G
You say not to worry,

F
Just sit back and wait,

G
You say 'What's the hurry?'

F
I say 'It's too late.'

F　C　F　C　F　| F　| F　‖
Too late, it's too late.

Chorus 3

　　　　　　　F
That's what the joke is,

G　　　　　**C**
That's what the joke's made of,

E7　　　　　**Am**
That's what the joke is,

　　F　　　　**E7**　**Am**
And that's what the joke's made of,

　　F　　　　**G**　　**C**　　| C　| C　| C　‖
Yes that's what the joke's made of.

Outro

| G　F　| C　F　| G　　　　　　**F**　　　| C　　‖
　　　　　　That's what the joke's made　of,

| G　　F　| C　　F | G　　　　　　**F**　　　| C　‖
　　That's what the joke is——　That's what the joke's made　of,

Repeat to fade

149

I Wish, I Wish

Words & Music by
Cat Stevens

C   F   Dm7   D7   G7   E   B   A7

Intro | C | Dm7 D7 | G | G F ‖ *Play twice*

Verse 1

C   Dm7   D7   G   F
I wish I knew, I wish I knew

C   Dm7   D7   G   F
What makes me, me, and what makes you, you.

C   D7   B
It's just an - other point of view, ooh.

E   A7   D   B
A state of mind I'm going through, yeah.

E   A7   D G   F
So what I see is never true, ah.

Verse 2

C   Dm7 D7   G F
I wish I could tell, I wish I could tell

C   Dm7   D7   G F
What makes a heaven, what makes a hell

C   D7   G B
And do I get to ring my bell, ooh.

E   A7   D   B
Or land up in some dusty cell, no.

E   A7   D G   F
While others reach the big hotel, yeah.

Instr.   ‖: C | Dm⁷ D⁷ | G | G F |

| C | Dm⁷ D⁷ | G | G F :‖

Verse 3

C   N.C   G   F
I wish I had, I wish I had

C   Dm⁷   D   G   F
The secret of good, and the secret of bad.

C   D⁷   G   B
Why does this question drive me mad? Why?

E   A⁷   D   B
'Cause I was taught when but a lad, yeah,

E   A⁷   D   G   F
That bad was good and good was bad, oh.

Verse 3

C   Dm⁷   D⁷   G   F
I wish I knew the mystery of

C   Dm⁷   D⁷   G   F
That thing called hate, and that thing called love.

C   D⁷   G   B
What makes the in-between so rough? Oh.

E   A⁷   D   B
Why is it always push and shove? Ah.

E   A⁷   D   G   F
I guess I just don't know enough yeah.

Outro   ‖: C | Dm⁷ D⁷ | G | G F :‖ *To fade*

If I Laugh

Words & Music by
Cat Stevens

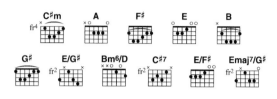

Intro | E | A | B A | A E ‖

Verse 1
            E   A
'Cause if I laugh just a little bit,
B   A   G#
Maybe I can for - get the chance that I didn't have
                 C#m A   F#   E   F#
To know you——— and live in peace, in peace,
B   A   E/G# E
Mmmn, oh yeah.

Verse 2
            E   A
'Cause if I laugh just a little bit,
B   A   G#
Maybe I can for - get the plans that I didn't use
                 C#m A   F#   E   F# B A   E/G# E
To get you——— at home—with me a - lone, oh, oh yeah.
                    A | B A | E   ‖
If I laugh———

Instr. | Bm6/D C#7 | F#m7 Emaj7/G# | B E Bm6/D C#7 | F#m7 Emaj7/G# |

| F#m7 Emaj7/G# | F#m7 C#m7 B A | A E/G# | E/F# E ‖

Verse 3

E   A
'Cause if I laugh oh just a little bit,

B   A   G#   C#m A
Maybe I can re - call that I used to be before you,

            F#   E   F#
And sleep at night and dream

B   A   E/G#   E/F# E
Oh, oh yeah. Oh yeah.

E   A
'Cause if I laugh, baby if I laugh just a little bit,

B   A   E/G# E/F# E
Oh yeah.

Outro | Bm6/D C#7 | F#m7 Emaj7/G# | B E Bm6/D C#7 | F#m7 Emaj7/G# |

| F#m7 Emaj7/G# | F#m7 C#m7 B A | A E/G# | E/F# E ‖

If Only Mother Could See Me Now

Words & Music by
Cat Stevens

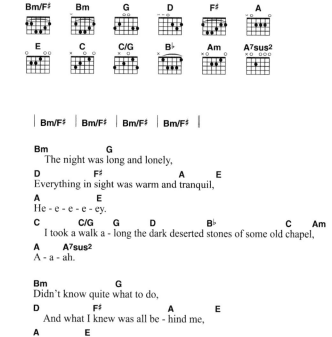

Intro
| Bm/F♯ | Bm/F♯ | Bm/F♯ | Bm/F♯ ‖

Verse 1

Bm **G**
The night was long and lonely,

D **F♯** **A** **E**
Everything in sight was warm and tranquil,

A **E**
He - e - e - e - ey.

C **C/G** **G** **D** **B♭** **C** **Am**
I took a walk a - long the dark deserted stones of some old chapel,

A **A7sus2**
A - a - ah.

Verse 2

Bm **G**
Didn't know quite what to do,

D **F♯** **A** **E**
And what I knew was all be - hind me,

A **E**
He - e - e - ey.

C **G** **D**
So with the stars above my head,

B♭ **C** **Am**
I let the silence set in - side me,

A **A7sus2**
And guide me.

Chorus 1

D   E   A   G
If only mother could see me now,

D   E   A   G
On the white horse Silver Cloud,

D   E   A   G
If only Daddy could see me ride,

D   A   C/G G   A   D   G | D G | D   ‖
He'd be so proud   of this little devil boy.

Verse 3

Bm   G
I saw seas of mirror

D   F♯   A   E
Without a reason to re - mind me,

A   E
He - e - e - ey.

C   C/G G   D
And all the people that I'd loved were searching

             B♭   C   Am
        high above to find me,

     A   A7sus2
So kindly____

Chorus 2   As Chorus 1

Instr. | Bm | G | D | F♯ |

          | A | C | G A ‖

Chorus 3

       D   E   A   G
Ah, if only mother could see me now,

D   E   A   G
On the white horse Silver Cloud,

D   E   A   G
If only Daddy could see me ride,

D   A   C/G G   A   D   G
He'd be so proud   of this little devil boy.

| D G | D   G | D G | D   ‖
            De - vil boy.

If You Want To Sing Out, Sing Out

Words & Music by
Cat Stevens

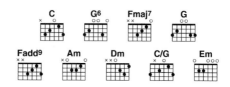

Intro	‖ C G6 │ Fmaj7 G6 │ C G6 │ Fmaj7 G6 ‖

Verse 1

         C   **G**   **Fadd9** G
Well if you want to sing out, sing out,

         C   **G**   **Am**
And if you want to be free, be free

            Dm   **Am**   **G**
'Cause there's a million things to be,

   C/G   **G**
You know that there are.

Verse 2

         C   **G**   **Fadd9** G
And if you want to live high, live high,

         C   **G**   **Am**
And if you want to live low, live low,

           Dm   **Am**   **G**
'Cause there's a million ways to go,

   C/G   **G**
You know that there are.

Chorus 1

C   **Fadd9**
You can do what you want,

G   **C**
   The opportunity's on,

              Fadd9
And if you find a new way

G   **C**
   You can do it to - day.

            Fadd9
You make it all true,

        G   **C   Am   Em**

And you can make it un - do you see.

         Am   **Em**

A - a - ah, it's easy,

         Am   **Em**   **G**

A - a - ah,   you only   need to know.

              C   **G**   **Fadd⁹ G**

Verse 3   Well if you want to say yes, say yes,

              C   **G**   **Am**

And if you want to say no, say no

                  Dm   **Am**   **G**

'Cause there's a million ways to go,

         C/G   **G**

You know that there are.

              C   **G**   **Fadd⁹ G**

Verse 4   And if you want to be me, be me,

               C   **G**   **Am**

And if you want to be you, be you,

                  Dm   **Am**   **G**

'Cause there's a million things to do

         C/G   **G**

You know that there are.

Chorus 2   As Chorus 1

              C   **G**   **Fadd⁹ G**

Verse 5   Well if you want to sing out, sing out,

              C   **G**   **Am**

And if you want to be free, be free

                  Dm   **Am**   **G**

'Cause there's a million things to be,

         C/G   **G**

You know that there are,

                  C/G

Outro   You know that there are,

                  G

You know that there are,

               C   **G**   **Fadd⁹**

You know that there are,

               C   **G**   **Fadd⁹**

You know that there are.

    | **C G⁶** | **Fmaj⁷ G⁶** | **C**   ‖

I'm Gonna Be King

Words & Music by
Cat Stevens

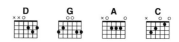

Intro | D G | D G ‖

Verse 1

D   G   D   G
I've been pushed a - round,

D   G   A
Made to look a clown.

D   G   D   G
But now, now I know,

D   A   D   G   C | G
It is time for me to start to grow.

Chorus 1

D   G C   G
I'm   gonna be king,

C   G   C A
I'm gonna see things right.

D   G C   G
I'm   gonna be king,

C   G   C | G
And you will be my bride.

Verse 2

D   G   D   G
I'll show every - one,

D   G   A
That my time will come.

D G   D   G
If you wait for me,

D   A   D   G   C | G
I will show the world what I can be.

Chorus 2   As Chorus 1

Verse 3
D   G   D   G
Love does funny things,
D   G   A
And to me it brings.
D   G D   G
Strength to carry through,
D   A   D   G   C | G
And to make my name a pride to use.

Chorus 3
D   G C   G
I'm   gonna be king,
C   G   C   A
I'm gonna see things right.
D   G C   G
I'm   gonna be king,
C   G   C | G
And you will be my bride.

| D   G | D   G | D

I'm Gonna Get Me A Gun

Words & Music by
Cat Stevens

D   G   A   E

Intro | E | D   ‖

Verse 1

E   D   E   D
I've been de - moralised—— too many times
E   D   G   D | E | D | E | D | E ‖
But now I realise, ah, ah, no more.

Chorus 1

A   D
I'm gonna get me a gun
A   G
I'm gonna get me a gun
D   E
And all those people who put me down
A   D
You better get ready to run,
       A   G D E | A D E | A D E | A D E | E ‖
'Cause I'm gonna get me a gun

Verse 2

E   D   E   D
I know my destiny is like the sun
E   D   G   D
You see the best of me—— when I—— have got ——

| E | D | E | D |

| E | D | E | E |

Chorus 1

A   D
I'm gonna get me a gun

A   G
I'm gonna get me a gun

D   E
And all those people who put me down

A   D
You better get ready to run,

A   G D E| A D E | A D E | A D E | E ‖
'Cause I'm gonna get me a gun

D   E
So you think you can push me around

D   E
And make me run

D   E
Well I'm gonna tell you now

Chorus 2

A   D
I'm gonna get me a gun

A   G
I'm gonna get me a gun

D   E
And all those people who put me down

A   D
You better get ready to run,

A   G D E
'Cause I'm gonna get me a gun

‖: A D E :‖ *Repeat figure and fade*

I'm So Sleepy

Words & Music by
Cat Stevens

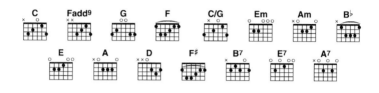

Intro | C | Fadd⁹ | C | Fadd⁹ | C | Fadd⁹ ‖

Chorus 1
                C   **Fadd⁹**
        I'm so sleepy, yeah,
                C   **G**
        I'm so sleepy, yeah,
                F   **G**   **Em**   **Am**
        I could lay my head on a piece of lead
                F   **G**   **C**   **Am**
        And i - magine   it was a springy bed,
                        C   **Fadd⁹** **C/G** **G**
        'Cause I'm slee - py,   sleep - y.

Verse 1
        C   **B♭**
        Soon I'm gonna slip a - way
        G   **C**   **B♭**   **F**
        In the night, I feel it creep - ing
        E   **A**   **D**   **G**
        Creep - ing,   creep - ing.

Chorus 2   As Chorus 1

Verse 2

C   B♭
I can't keep my mind a - way

G   C   B♭   F
From my dreams I hear them call - ing,

E   A   D   G
Call - ing,   call - ing.

Bridge

C
Soon I'm gonna slip away,

F♯
Soon I'm gonna slip away,

B7   E7
Soon I'm gonna slip a - way,

        A7   D7
In the night I'm gonna slip a - way.

        G
I won't fight it, I'll just ride it.

Chorus 3

        C   Fadd9
I'm so sleepy, yeah,

        C   G
I'm so sleepy, yeah,

        F   G   Em   Am
I could lay my head on a piece of lead

        F   G   C   Am
And i - magine   it was a springy bed,

        C   Fadd9 G   Am   Em
'Cause I'm slee - py,   sleepy, yeah.

Image Of Hell

Words & Music by
Cat Stevens

Intro | C | F | C | G |

Verse 1

   C
    You left me wearing,
F   **C** **F** **C**
    Nothing but a shell.
F
    You left me wearing,
        C **F** **C**
Nothing but a shell.
     G
This feeling you've left me,
F N.C.   **C** **F** **C G**
    Is the image of hell.

Verse 2

   C
    I thought that you loved me,
F   **C** **F** **C**
    Ah, but then I never could tell.
   F
I thought that you loved me,
         C **F** **C**
But then I never could tell.
    G
This feeling you left me,
F N.C.   **C** **F** **C G**
    Is the image of hell.

Middle

    C   **F**   **C**   **G**
    If you loved me like you said that you did,

         C
Oh, then darling you couldn't have done the things,

F   **B♭**
    That you did.

Verse 3

C
You walk by my door,

F   **C**   **F** **C**
    But you don't ring my bell.

    F
You walk by my door,

                 C   **F** **C**
But you don't ring my bell.

      G   **C** **F** **C**   **G**
This feeling you've left me,

F N.C.
    Is the image of hell

    C

Into White

Words & Music by
Cat Stevens

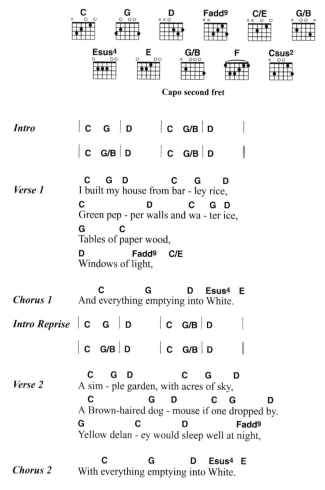

Capo second fret

Intro
| C G | D | C G/B | D |

| C G/B | D | C G/B | D ‖

Verse 1
      C   G   D   C   G   D
I built my house from bar - ley rice,

C   D   C   G D
Green pep - per walls and wa - ter ice,

G   C
Tables of paper wood,

D   Fadd9   C/E
Windows of light,

Chorus 1
             C   G   D Esus4 E
And everything emptying into White.

Intro Reprise
| C G | D | C G/B | D |

| C G/B | D | C G/B | D ‖

Verse 2
      C   G   D   C   G   D
A sim - ple garden, with acres of sky,

       C   G   D   C   G   D
A Brown-haired dog - mouse if one dropped by.

G   C   D   Fadd9
Yellow delan - ey would sleep well at night,

Chorus 2
            C   G   D Esus4 E
With everything emptying into White.

Instr.

E		E	‖
C G	D	C G	D	
C G	D	C G	D	
D	G	Csus2	D	Fadd9	Fadd9	

Aah——

| C/E | C/E | C | G | |
| D | Esus4 | Esus4 | E | E | ‖ |

Verse 3

     C   G   D   C   G D
A sad blue-eyed drummer re - hearses out - side,

     C   G   D   C   G   D
A black spider danc - ing on top of his eye,

G   C   D   Fadd9   C/E
Red legged chicken stands ready to strike,

Chorus 3

      C   G   D Esus4 E
And everything emptying into White.

Verse 4

     C G D   C   G   D
I built my house from bar - ley rice,

    C   D   C G D
Green pep - per walls and wa - ter ice,

| G | C | D | |
| Fadd9 | Fadd9 | C/E | C/E | ‖ | ‖

      C   G   D Esus4 | Esus4 | D | E
And everything emptying into White.

It's A Supa (Dupa) Life

Words & Music by
Cat Stevens

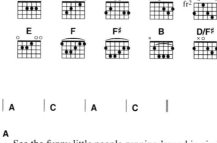

Intro | A | C | A | C   ‖

Verse 1

A
    See the funny little people running 'round in circles,

C
Throwing bombs as they do.

G
    See the funny side of it,

      C   D   G   E/G♯
They're heading straight for you.

Verse 2

A
    See the funny little holes they're making,

        C
Looking like craters on the moon.

G
    See the funny side of it,

    C   D   G   E/G♯
We'll be living in them soon.

Chorus 1

        A   E
But it's a super life,

     D   E   A   E   F
A super dupa dupa life we live.

       A   E
Yes it's a super life,

     D   E   A   G   F
A super dupa dupa life we live.

cont.

```
C        E                        D
```
But it's getting pretty near the end,
```
              A    G      F    D
```
'Cause with a super life you will,
```
E                        D
```
Borrow everything you lend.
```
            F♯                B
```
So there's never anything to spend.
```
E      A      D/F♯ G   E
```
You're broke, you dope you.

Verse 3
```
        A
```
   See the funny little flying saucers we found,
```
C
```
Painted up just for you.
```
G
```
   See the funny man inside,
```
        C    D        G    E/G♯
```
His colour matches too.

Verse 4
```
        A
```
   See the silly little camera he loves,
```
               C
```
Shooting pictures with all day.
```
G
```
   See the funny side of it,
```
        C        D        G    E/G♯
```
His friends are on their way.

Chorus 2   As Chorus 1

Interlude

A	A	C	C
G	G	C D	G E/G♯

Outro
```
               A    E
```
Baby it's a super life,
```
        D    E    A    E      F
```
A super dupa dupa life we live.
```
               A    E
```
Yes it's a super life,
```
        D    E    A    G      F
```
A super dupa dupa life we live.

Repeat to fade

I've Found A Love

Words & Music by
Cat Stevens

D   G   F   E   F♯   A   B   F♯

Intro
| D | D | D | G |
| D | D | D | A ‖

Verse 1
   D   G   D A
Baby, I've never had a single thing in my life I could call my own.
          D   G
There you were, holding a love so true,
                  D F   G A
Now I've got a home, now I've got a home.

Chorus 1
   D   G   E   A
I found a love, hidden in a backstreet
   D   G   A
I found a love, baby
   D   G   E   A
I found a love, hidden in a backstreet
   F♯   E
Hidden away from the world, baby

Figure:
| D | D A | D | D A |
| D | D A | D | D A |

Verse 2
   D   G   D A
Baby, you really make me feel like a king, a king without a crown.
   D   G   D F
But darlin', Promise me one little thing: That you won't let me down.
                  G   A
That you won't let me down.

Chorus 2

```
D          G    E          A
I found a love, hidden in a backstreet
D        G       A
I found a love, baby
D          G    E          A
I found a love, hidden in a backstreet
F♯                       E
Hidden away from the world, baby
```

Figure:

```
| D        | D  A  | D          | D  A  |

| D        | D  A  | D          | D  A  |
```

Middle 8

```
| F♯       | B          | F♯
        B              F♯ B      F♯
Don't ever tell me lies baby,
        B            E       A
Don't take it for a ride baby,
     E                  G   D   G
Just stay here by my side baby,
D                    C    | F    | G    | A    ‖
We won't ever stop.
```

Chorus 3

```
  D          G    E          A
‖: I found a love, hidden in a backstreet
D        G       A
I found a love, baby
D          G    E          A
I found a love, hidden in a backstreet
F♯                       E
Hidden away from the world, baby :‖   Repeat to fade
```

171

I've Got A Thing About Seeing My Grandson Grow Old

Words & Music by
Cat Stevens

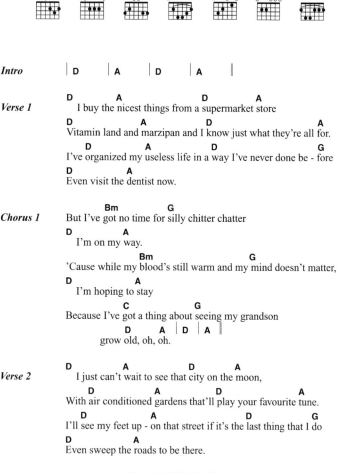

Intro | D | A | D | A ‖

Verse 1

D   A   D   A
   I buy the nicest things from a supermarket store

D   A   D   A
Vitamin land and marzipan and I know just what they're all for.

D   A   D   G
I've organized my useless life in a way I've never done be - fore

D   A
Even visit the dentist now.

Chorus 1

          Bm   G
But I've got no time for silly chitter chatter

D   A
   I'm on my way.

            Bm   G
'Cause while my blood's still warm and my mind doesn't matter,

D   A
   I'm hoping to stay

            C   G
Because I've got a thing about seeing my grandson

               D   A | D | A ‖
   grow old, oh, oh.

Verse 2

D   A   D   A
   I just can't wait to see that city on the moon,

        D   A   D   A
With air conditioned gardens that'll play your favourite tune.

        D   A   D   G
I'll see my feet up - on that street if it's the last thing that I do

D   A
Even sweep the roads to be there.

Chorus 2

            Bm   **G**
But I've got no time for silly chitter chatter

D   **A**
  I'm on my way

           Bm   **G**
'Cause while my blood's still warm and my mind doesn't matter

D   **A**
  I'm hoping to stay

            C   **G**   **D**   **A**
Because I've got a thing about seeing my grandson grow old, oh, oh,

         D   **A**
Oh, oh, oh, oh.

Instr. | **D** | **Em G** | **D** | **F♯m Bm** |

       | **D** | **Em G** | **D** | ²⁄₄| **A** ||

     ⁴⁄₄| **D** | **A** | **D** | **A** ||

Verse 3

          D   **A**   **A**   **D**   **G**
I'll see my feet up - on that street if it's the last thing that I do

D   **A**
Even sweep the roads to be there.

Chorus 3

            Bm   **G**
But I've got no time for silly chitter chatter

D   **A**
  I'm on my way

           Bm   **G**
'Cause while my blood's still warm and my mind doesn't matter

D   **A**
  I'm hoping to stay

            C   **G**   **D**   **A**
Because I've got a thing about seeing my grandson grow old, oh, oh,

         D   **A**
Oh, oh, oh, oh.

Outro | **D** | **Em G** | **D** | **F♯m Bm** |

       | **D** | **Em G** | **D** | **A D** ||

Jesus

Words & Music by
Cat Stevens

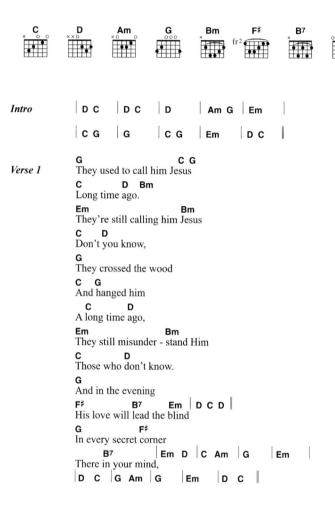

Intro | D C | D C | D | Am G | Em |

| C G | G | C G | Em | D C ‖

Verse 1

G   C G
They used to call him Jesus

C   D Bm
Long time ago.

Em   Bm
They're still calling him Jesus

C D
Don't you know,

G
They crossed the wood

C G
And hanged him

  C   D
A long time ago,

Em   Bm
They still misunder - stand Him

C   D
Those who don't know.

G
And in the evening

F#   B7   Em | D C D ‖
His love will lead the blind

G   F#
In every secret corner

    B7 | Em D | C Am | G | Em |
There in your mind,

| D C | G Am | G | Em | D C ‖

Verse 2

```
G                       C          G
They called him Gautama Bud - dha
   C        D
Oh long time ago,
Em                    Bm
He turned the world to order
C        D
Don't you know.
G            C        G
He used to sit know - ing
   C        D
Oh long time ago,
Em                        Bm7
Where you and me were going
C   D
Oh, oh
G
And in the evening
F♯            B7      Em
His love will lead the blind.
```

Outro

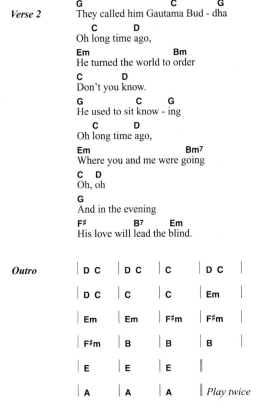

D C	D C	C	D C	
D C	C	C	Em	
Em	Em	F♯m	F♯m	
F♯m	B	B	B	
E	E	E	‖
A	A	A	‖ *Play twice*

Jzero

Words & Music by
Cat Stevens

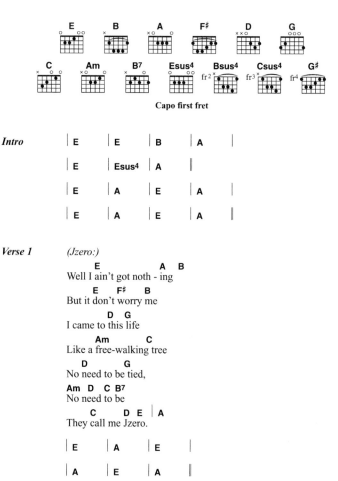

Capo first fret

Intro

| E | E | B | A |

| E | Esus⁴ | A ‖

| E | A | E | A |

| E | A | E | A ‖

Verse 1

(Jzero:)

      E   A B
Well I ain't got noth - ing

      E   F♯   B
But it don't worry me

         D   G
I came to this life

        Am   C
Like a free-walking tree

      D   G
No need to be tied,

Am D C B⁷
No need to be

       C   D E | A
They call me Jzero.

| E | A | E |

| A | E | A ‖

Verse 2

        E   **A**
Well I ain't got noth - ing,

E   **F♯**   **B7**
And to noth - ing I belong

                 D   **G**
You won't find me right,

         Am   **D**
Yet you won't find me wrong

         D   **C** **G**
If you think about me,

Am   **D7**   **Am** **B7**
Don't think too long.

        C   **D E** | **E** | **A** | **A** |
Just call me Jzero.

Verse 3

E   **A**
Well I don't house no past

E   **F♯**   **B7**
Never carried a key

C   **D**   **G**
My sun doesn't rise

       Esus4   **E**
From under the sea

Esus4   **E**
There is only one morning

Am   **G C**   **B7** | **A E A E** ‖
Eternally——

| **E** | **A** | **E** | **A**   ‖

Verse 4

(Polygons:)

E   **A**
Well he says he hasn't got nothing

         E   **F♯**   **B**
But he seems to possess less

    C   **D G**
He waltzed through the door

      Am   **D**
Like a tapdance with death.

       B♭   **C**
What kind of fool is he?

(Jzero:)

Am **D**   **Am** **B7**
No need to guess,

     C   **D E** | **A** | **E** | **A** ‖
Jus' call me J - zero.

Verse 5

       E   G
Well I don't eat a lot

  A C   D
I do work for nothing, so

E   G   Asus4 A
If there's a job I can fill the gap

E   G   C D G
I don't need a room, a bed or pillow, oh

          E   Esus4   B
Once you've decided to trust me with time

     E7   Am   D   C   F♯
You won't need to look back——

Instr.

| Bsus4 B | Bsus4 B | Bsus4 B | Bsus4 B |

| Dsus4 | Esus4 | Esus4 | Csus4 | Csus4 ‖

| E | A | E | A |

| E | A | E | A ‖

Verse 6   *(Jzero:)*

      E   A B
Well I ain't got noth - ing.

      E F♯   B7
But it don't worry me

       D G
I came to this life

     Am   C
Like a free-walking tree

   D   G
No need to be tied,

Am D Am B7
No need to be

      C   D E | A
They call me Jzero.

| E | A | E |

| A | E | A |

| E | E | E | B |

| A | G | G ‖

178

Life

Words & Music by
Cat Stevens

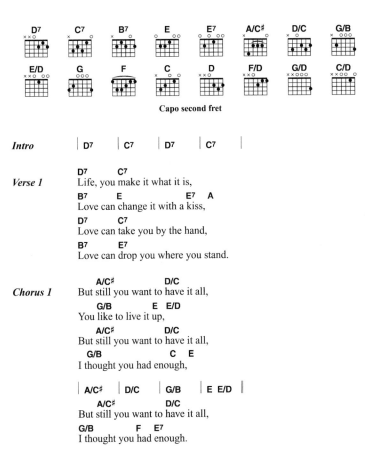

Capo second fret

Intro | D⁷ | C⁷ | D⁷ | C⁷ |

Verse 1
D⁷   C⁷
Life, you make it what it is,
B⁷   E   E⁷   A
Love can change it with a kiss,
D⁷   C⁷
Love can take you by the hand,
B⁷   E⁷
Love can drop you where you stand.

Chorus 1
A/C♯   D/C
But still you want to have it all,
G/B   E   E/D
You like to live it up,
A/C♯   D/C
But still you want to have it all,
G/B   C   E
I thought you had enough,

| A/C♯ | D/C | G/B | E E/D ‖
A/C♯   D/C
But still you want to have it all,
G/B   F   E⁷
I thought you had enough.

Verse 2

D7   C7
Life, you make it what it is,

B7   E   A
Love can change it with a kiss,

D7   C7
She can turn your head around,

B7   E B7   E   E7
He can lift you off the ground.

Chorus 2

        A/C♯   D/C
But still you want to have it all,

      G/B   E E/D
You like to live it up,

        A/C♯   D/C
But still you want to have it all,

     G/B   C   E
I thought you had enough,

| A/C♯ | D/C | G/B | E E/D ‖

      A/C♯   D/C
But still you want to have it all,

G/B   F   C
I thought you had enough.

Instr.

| G F C | C | D | G F C | C D ‖

| G F C | C | D | G F C | C D ‖

| D | E/D | F/D | E/D |

| D | E/D | F/D | G/D ‖

| A | A | A | A ‖

| G | G | G | G ‖

| D | D | D | D ‖

| D C/D | C/D | G/D | D ‖

| D C/D | C/D | G/D | D ‖

| D C/D | C/D | G/D | F ‖

| D C/D | C/D | G/D | D ‖

180

```
| A        | A        | A        | A        ||
| D7       | D7       | D7       | D7       ||
```

D7   **C7**

Verse 1   Life, you make it what it is,

(reprise)   **B7**   **E**   **B7 E7**   **A**

Love can change it with a kiss,

D7   **C7**   **D7**   **C7**

Love, love, love——love——

Outro $\frac{3}{4}$| A/C♯ | D/C | G/B | E E/D |

                | A/C♯ | D/C | G/B | C G E | *Repeat ad lib. to fade*

Just Another Night

Words & Music by
Cat Stevens

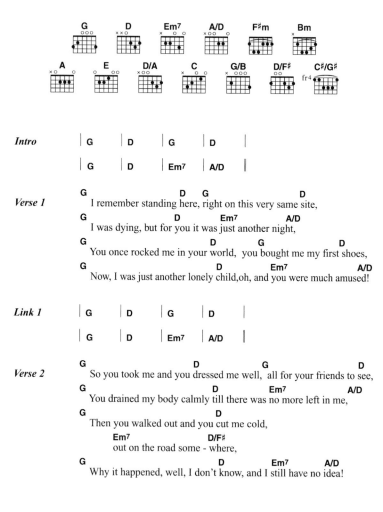

Intro | G | D | G | D |

| G | D | Em7 | A/D ‖

Verse 1
G   D   G   D
I remember standing here, right on this very same site,
G   D   Em7   A/D
I was dying, but for you it was just another night,
G   D   G   D
You once rocked me in your world, you bought me my first shoes,
G   D   Em7   A/D
Now, I was just another lonely child,oh, and you were much amused!

Link 1 | G | D | G | D |

| G | D | Em7 | A/D ‖

Verse 2
G   D   G   D
So you took me and you dressed me well, all for your friends to see,
G   D   Em7   A/D
You drained my body calmly till there was no more left in me,
G   D
Then you walked out and you cut me cold,
Em7   D/F#
out on the road some - where,
G   D   Em7   A/D
Why it happened, well, I don't know, and I still have no idea!

Verse 3

F♯m   Bm A   G   E   A
But everybody needs a friend, some - times you need a little help,

         F♯m   Bm A D   Em7
And, who knows, maybe one day you'll seek mine,

        A
Only time will tell!

G   D   G   D
You once held me in your arms, you made me feel so right,

G   D   Em7   A/D
I was flying, but for you it was just another night!

Link 2 | G | D | G | D |

              | G | D | Em7 | A/D ‖

Bridge

  E   A
But everybody needs a little help,

E   A   D A
Whether or not you think you really do,

A   A   D   C   G/B   G
Everybody needs a little help, and the time has come for you!

Interlude | (G) | D/F♯ | Em7 | D/F♯ ‖

Verse 4

G   D   G   D
I ain't looking to fight no wars,   no more talking trash,

G   D   Em7   A/D
I'm not seeking anymore pain,'cause I've had enough of that!

G   D   Em   D/F♯
Don't you worry, it's al - right   if you should come a - round

G   D   Em7   A/D
Any night or any day, I won't ever let you down!

Outro | G | D | G | D |

             | G | D | Em7 | A/D ‖

Katmandu

Words & Music by
Cat Stevens

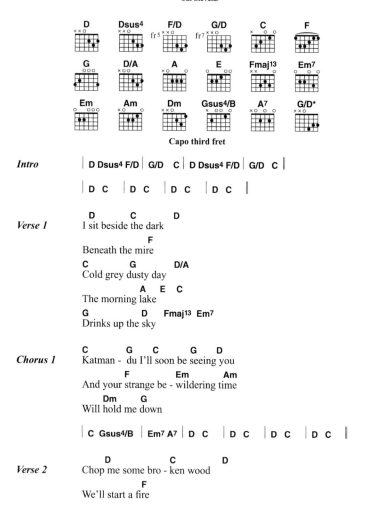

Capo third fret

Intro | D Dsus⁴ F/D | G/D C | D Dsus⁴ F/D | G/D C ‖

| D C | D C | D C | D C ‖

Verse 1
     D   **C**   **D**
I sit beside the dark
            F
Beneath the mire
C   **G**   **D/A**
Cold grey dusty day
       A   **E** **C**
The morning lake
G   **D**   **Fmaj¹³ Em⁷**
Drinks up the sky

Chorus 1
C   **G**   **C**   **G**   **D**
Katman - du I'll soon be seeing you
        F   **Em**   **Am**
And your strange be - wildering time
  Dm   **G**
Will hold me down

| C Gsus⁴/B | Em⁷ A⁷ | D C | D C | D C | D C ‖

Verse 2
      D   **C**   **D**
Chop me some bro - ken wood
          F
We'll start a fire

cont.

```
C              G              D/A
White warm light the dawn
                  A    E    C
And help me see
G          D      Fmaj13  Em7
Old Satan's tree
```

Chorus 2

```
C        G      C      G        D
Katman - du I'll soon be touching you
              F         Em        Am
And your strange be - wildering time
       Dm      G
Will hold me down
```

| C Gsus4/B | Em7 A7 | D C | D C ‖

Instr.

| D C | D F C | G D/A | A   E |

| C   G | D Fmaj13 | Em7 C ‖

| G   C | G   D | F   Em | Am Dm |

| G | D C | D C ‖

Verse 3

```
        D              C    D
Pass me my hat and coat
                  F
Lock up the ca - bin
C          G              D/A
Slow night treat me right
         A    E    C
Until I go
       G      D      Fmaj13  Em7
Be nice to know
```

Chorus 3

```
C        G      C      G      D
Katman - du I'll soon be seeing you
              F         Em        Am
And your strange be - wildering time
       Dm      G
Will keep me home
```

| C Gsus4/B | Em7 A7 | D C | D   C ‖

Outro

| D Dsus4 F/D | G/D C | D Dsus4 F/D | G/D C G | D G/D* | D   ‖

Killin' Time

Words & Music by
Cat Stevens

D   A   D/A   Dm   G   E   F

Intro | N.C. | A | D/A | A | D/A   ‖

Riff 1 | Dm | Dm G | Dm | Dm G ‖

Verse 1

A   D/A
People polishing guns

A   D/A
They've got nothing better to do.

A   D/A
Though they think they're having fun

A   E   A
They're just living to die, if they but knew now, now.

Riff 2 | Dm | Dm G |

Verse 2

A   D/A
All day long they sit at home

A   D/A
Waiting for the milk to come.

A   D/A
Watch them turn into stone,

A   E   A
Thinking 'bout the things they might have done,

Riff 3 | Dm G | Dm G ‖

Link | A | D | E | A |

| A | D | G | G E ‖

Bridge 1

              A   **D**
You missed the point, you missed the point,

      E   **A**
You really missed the point.

| **A** | **D/A** | **A** | **D/A** |

Verse 3

A   **D/A**
Everybody's got to know,

A   **D/A**
Love's the reason we're here,

A   **D/A**
No matter which way you go

A   **E A**
Love's gonna meet you there—— oh

Chorus

Dm   **G**
Killing time,

Dm   **G**
Killing time

Dm   **G**
Killing time,

Dm   **G**
Killing time,

Instr.

| **A** | **D/A** | **A** | **D/A** |

| **A** | **D/A** | **A** | **F G A** |

Bridge 2

              D
You missed the point,

      E   **A**
You really missed the point.

            D   **G**   **E**
Made me cry—— I wonder why, why

              A   **D**
You missed the point, you missed the point,

      E   **A** | **D/A** | **A** | **D/A** ‖
You really missed the point.

Outro

| **Dm** | **Dm G** | **Dm** | **Dm G** |

| **Dm** | **Dm G** | **Dm** | **Dm G** ‖

| **D/A** | **A** | **D/A** | **F G D** ‖

King Of Trees

Words & Music by
Cat Stevens

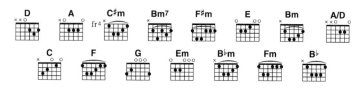

Capo third fret

Piano intro | D A | D A || *Ad lib.*

| D A | C#m F#m A ||

Verse 1
D   A   C#m
    He was the King of trees, keeper of the leaves,
D   A   C#m
    A deep green God of young love stained memory,
Bm7   A   F#m   E
    We used to meet by him, far from the hustling town,
    D   A/D
I loved you, now they've come to cut you down— down!

Instr. | D A | D A | Bm7 A ||

Verse 2
D   A   C#m
    He was the guardian of days we held the same,
D   A   C#m
    Beneath the shade, he gave shelter from the rain,
Bm   A   F#m   E
    Oh Lord, how it's empty now, with nothing save the breeze,
    D   D A/D
I loved you, now they've come to burn the leaves——
D A/D   D   A | Bm7 C ||
    Don't burn the leaves!——

Bridge

F   G   Em   D
And if my mind breaks up in all so many ways,

F   G   Em
I know the meaning of the words, 'I love you',

F   G   Em   D
And if my body falls inside an early grave.

   C#m   A   B♭m   Fm
The forest and the evergreen are coming to take me back,

   B♭   C#   F#   B
So slow - ly as I roll down the track,

   E   A   E   A
The forest and the evergreen are coming to take me back,

   E   A   E   A   D
The forest and the evergreen are coming to take me back!——

D A/D   D   A | Bm7 A ‖
Please take me back!——

Verse 3

D   A   C#m
He was the King of Trees, keeper of the glades,

D   A   C#m
The way he lightened my life makes me so amazed,

Bm7   A   F#m   E
We used to meet by him, many years a - go,

D   A/D
I loved you, now they've come to lay the road, oh, oh— oh!

D A/D   D   A | Bm7 A ‖
Don't lay the ro - oa -oad!

Outro   ‖: D A | D A | D A | D A :‖ *Play 3 times*

Kitty

Words & Music by
Cat Stevens

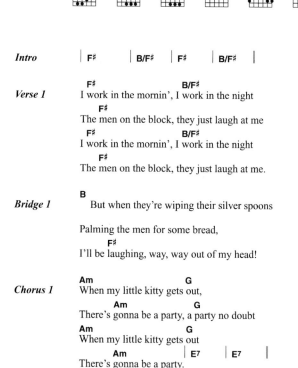

| F♯ | B/F♯ | B | Am | G | E7 |

Intro | F♯ | B/F♯ | F♯ | B/F♯ ‖

Verse 1
F♯   B/F♯
I work in the mornin', I work in the night
    F♯
The men on the block, they just laugh at me
F♯   B/F♯
I work in the mornin', I work in the night
    F♯
The men on the block, they just laugh at me.

Bridge 1
  B
  But when they're wiping their silver spoons

Palming the men for some bread,
    F♯
I'll be laughing, way, way out of my head!

Chorus 1
Am   G
When my little kitty gets out,
    Am   G
There's gonna be a party, a party no doubt
Am   G
When my little kitty gets out
    Am | E7 | E7   ‖
There's gonna be a party.

Verse 2

F♯   B/F♯
And if my mind isn't coming so fast

   F♯
The men on the block say I'm on the brink,

F♯   B/F♯
And if my mind isn't coming so fast

    F♯
And I ain't so dumb as some people think.

Bridge 2

B
 'Cause when they're wiping their silver spoons

Palming the men for some bread

    F♯
I'll be laughing, way, way out of my head.

Chorus 2 As Chorus 1

Instr.

	F♯		B/F♯		F♯		F♯	
	F♯		B/F♯		F♯		F♯	
	B		B		B		B	

Bridge 3

    F♯
I'll be laughing, way, way out of my head.

Chorus 3 As Chorus 1

Kypros

Words & Music by
Cat Stevens

Chord diagrams: D, Em, G, C, E, Am, Bm7, A/G, A, F#, F#m, B7, B5

(3 bars drums)

Intro | D | Em | Em D | D Em | Em |

Verse 1 | D | Em | D | G |

| C E7 | Am | D | Bm7 | Em ||

| D | Em | D | G |

| C E7 | Am | D | Bm7 | Em ||

Link 1 | A7 | D ||

Chorus 1 | Bm7 G | A D | G | A/G |

| G | A D | G | F# Em | F# ||

Bridge 1 | Bm F#m | Bm F#m | B7 | Em ||

Verse 2 | D | Em | D | G |

| C E7 | Am | D | Bm7 | Em ||

| D | Em | D | G |

| C E7 | Am | D | Bm7 | Em ||

Link 2 | A⁷ | D   ‖

Chorus 2 | Bm⁷ G | A D | G | A/G | G |
              | A D | G | F♯ Em | F♯ | Bm   ‖

Verse 3 | A | Bm | A | D |
             | G B⁷ | Em | A | F♯7 | F♯7 ‖

Bridge 2 | Bm F♯m | Bm F♯m | Bm | Em | Em ‖

Outro | B⁵ | B⁵ | B⁵ | B⁵ | *Drums to fade*

Lady

Words & Music by
Cat Stevens

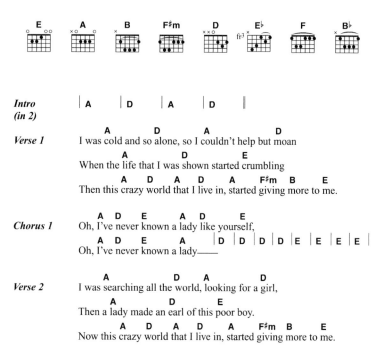

E	A	B	F♯m	D	E♭	F	B♭

Intro
(in 2) | A | D | A | D   ‖

Verse 1
       A   D   A   D
I was cold and so alone, so I couldn't help but moan
        A   D   E
When the life that I was shown started crumbling
        A   D   A   F♯m B   E
Then this crazy world that I live in, started giving more to me.

Chorus 1
       A   D   E   A   D   E
Oh, I've never known a lady like yourself,
       A   D   E   A |D |D |D |D |E |E |E |E |
Oh, I've never known a lady——

Verse 2
       A   D   A   D
I was searching all the world, looking for a girl,
       A   D   E
Then a lady made an earl of this poor boy.
        A   D   A   D   A   F♯m B   E
Now this crazy world that I live in, started giving more to me.

Chorus 2

     A D E   A D E
Oh, I've never known a lady like yourself,
     A D E   A |**D** |**D** |**D** |**D** |**E** |**E** |**E** |**E** |
Oh, I've never known a lady——

Interlude |**A** |**D** |**A** |**D** |

        |**A** |**D** |**E** |**E**   ‖

Verse 3

       A D A D
Now this crazy world that I live in,
     A **F♯m** **B**   **E** |**E** |**F** |**F** .|
     started giving more to me.

Chorus 3

     B♭ E♭ F   B♭ E♭ F
Oh, I've never known a lady like yourself,
     B♭ E♭ F   B♭ |**E♭** |**E♭** |**E♭** |**E♭** |**F** |**F** |**F** |**F** |
Oh, I've never known a lady——
     B♭ E♭ F   B♭ E♭ B♭
I've never known a lady——

Lady D'Arbanville

Words & Music by
Cat Stevens

Em	D7	D	Bm	G

Intro　　| (Em) | (Em) | (Em) | (Em) ‖

Verse 1

N.C.　　　　　　　　　(Em) D7　　　　N.C.　　　　(D)
My Lady D'Arbanville,　　　why do you sleep so still?
Em　　N.C.　　　　　　(Em) D7　　　　　　Bm
　I'll wake you tomorrow　　　and you will be my fill,
　　　　　　　　Em
Yes you will be my fill.

Verse 2

N.C.　　　　　　　　　Em　D
My Lady D'Arbanville,　　　why does it grieve me so?
Em　　　　　　　　　　　　D　　　　　　　Bm
　But your heart seems so silent,　why do you breathe so low,
　　　　　　　　Em
Why do you breathe so low?

Verse 3

N.C.　　　　　　　　(Em) D
My Lady D'Arbanville,　　　why do you sleep so still?
Em　　　　　　　G　D　　　　　　Bm
　I'll wake you tomorrow　and you will be my fill,

Yes you will be my (fill.)

Link 1　　| (Em) | (Em) | (Em) | (Em) | (D) | (Em) ‖
fill.

Verse 4

N.C.　　　　　　　　　(Em) D
My Lady D'Arbanville,　　　you look so cold tonight.
Em　　　　　　　　　　D7　　　　　　Bm
　Your lips feel like winter,　your skin has turned to white,
　　　　　　　　Em
Your skin has turned to white.

Verse 5   As Verse 3

          Em   **D**
Verse 6   La la la la la la, la la la la la la,
          Em   **G** **D**   **Bm**
     La la la la la la-ah, la la la la la la,

     La la la la la (la.)

Link 2 | **(Em)** | **(Em)** |
     la.

          N.C.   **Em D**
Verse 7   My Lady D'Arbanville,   why do you greet me so?
          Em   **D**   **Bm**
     But your heart seems so silent, why do you breathe so low,
                         Em
     Why do you breathe so low?

          N.C.   **Em D**
Verse 8   I loved you, my lady,   'though in your grave you lie,
          Em   **G** **D**   **Bm**
     I'll always be with you, this rose will never die,
                      Em
     This rose will never die.

          N.C.   **Em D**
Verse 9   I loved you, my lady,   'though in your grave you lie,
          Em   **G** **D**   **Bm**
     I'll always be with you, this rose will never die,

     This rose will never (die.)

Coda | **(Em)** | **(Em)** | **(Em)** | **(Em)** | **Em**   ‖
     die.

Land O' Free Love & Goodbye

Words & Music by
Cat Stevens

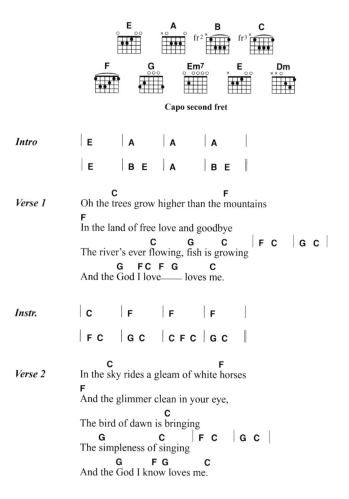

Capo second fret

Intro

| E | A | A | A |
| E | B E | A | B E ‖

Verse 1

           C   F
Oh the trees grow higher than the mountains
F
In the land of free love and goodbye
                 C   G   C | F C | G C |
The river's ever flowing, fish is growing
           G   FC F G   C
And the God I love——— loves me.

Instr.

| C | F | F | F |
| F C | G C | C F C | G C ‖

Verse 2

             C   F
In the sky rides a gleam of white horses
F
And the glimmer clean in your eye,
                  C
The bird of dawn is bringing
      G   C | F C | G C |
The simpleness of singing
       G   F G   C
And the God I know loves me.

Instr.

| Dm G | C Em7 | Dm E | A |

| Dm G | C Em7 | Dm E | A | G |

| C | F | F | F |

| F C | G C ‖

```
           G   FC F  G      C
And the God I love——— loves me.
```

Verse 1
(reprise)

```
C                              F
Oh the trees grow higher than the mountains
F
In the land of free love and goodbye.
     F        C       G      C      | F C | G C ‖
The river's ever flowing, fish is growing,
```

Outro

```
          G  F C F   G F C
And the sun_____ lies all around,
       G F   C    F G  F    C
And every - thing is as it must be
      G F    C FG F    C
And winter lies under - ground
          G   FC F  G      C
And the God I know___   loves me.
```

| Dm G | C Em7 | Dm E | A |

| Dm G | C Em7 | Dm E | A ‖

Last Love Song

Words & Music by
Cat Stevens

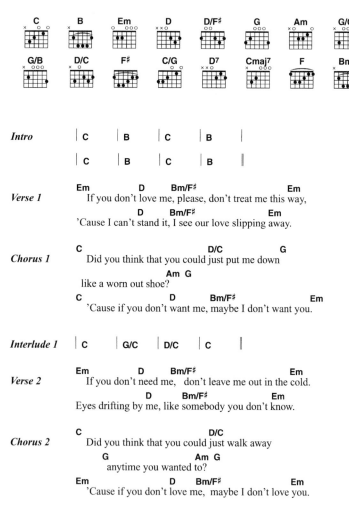

Intro | C | B | C | B |
| C | B | C | B ||

Verse 1
Em   D   Bm/F♯   Em
If you don't love me, please, don't treat me this way,
         D   Bm/F♯   Em
'Cause I can't stand it, I see our love slipping away.

Chorus 1
C   D/C   G
Did you think that you could just put me down
        Am   G
like a worn out shoe?
C   D   Bm/F♯   Em
'Cause if you don't want me, maybe I don't want you.

Interlude 1 | C | G/C | D/C | C ||

Verse 2
Em   D   Bm/F♯   Em
If you don't need me,   don't leave me out in the cold.
         D   Bm/F♯   Em
Eyes drifting by me, like somebody you don't know.

Chorus 2
C   D/C
Did you think that you could just walk away
    G   Am   G
anytime you wanted to?
Em   D   Bm/F♯   Em
'Cause if you don't love me,   maybe I don't love you.

Interlude 2 | C | G/C | D/C | C | |
| C | G/C | D/C | C | ‖

Chorus 3

C   D/C
Did you think that you could just put me down
G   Am G/B C   D   G   Am G/B
For somebody new?   'cause nobody can love you, girl, like I do.
C   D   G   Am G
Every little bird in the sky would sing a song of love.

Bridge

C   F♯
If you would just take me back,
             G   C/G   G   D G D   D7
Come on, open up your heart again, whoa, let me in, ba - by, baby

Instr. | Em | D | Bm/F♯ | Em | Em | |
| D | Bm/F♯ | Em | G | F | Cmaj7 | |
| B | C | D | Bm | Em | ‖

Verse 3

Em   D   Bm/F♯   Em
  If you don't love me,   stop fooling your - self,
             D   Bm/F♯   Em
No more acting,   I know your show too well,

Chorus 4

C   D/C
Did you think that you could just shake my hand
       G   Am   G
   with a "How do you do?"
Em   D   Bm/F♯   Em
'Cause if you don't want me, maybe I don't want you.

Instr.2 | C | F | Cmaj7 | B | |
| C | D | Bm | Em | ‖

Outro

G   F
Walk, and as you go through life,
        Cmaj7   B   C   D
It's the little things that come back again, oh, if you came back again,
         Bm   Em   (Em D Em)
You know I'd give my loving to you.

Later

Words & Music by
Cat Stevens

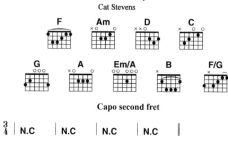

Capo second fret

Intro $\frac{3}{4}$ | N.C | N.C | N.C | N.C ‖

Piano Vamp ‖: Am G | D :‖ *Play 19 times*

Chorus 1
     Am G D   Am G D
Later,—   Oo!
           Am G   D Am G D
Woh-oh, oh later!   Later!___

Verse 1
          C   F   G
I want to talk it out with you,
  Em   Am   D   F/G
  Try to get the message through,
           F   E
That's not all I want to do,

Chorus 2
     Am G D   Am G D
Later—   Oh, oh!___

(Later!—)

Instr. ‖: Am G | D | Am G | D | Am G D :‖
          Am   G D Am | G D ‖
Oh, oh, oh, later,___
 Am   G   D
Not a bit sooner, but later, later!
  Am G D
Later!___

(Not a bit sooner, but later!)
         Am G D   Am   G   D
Woh-oh, woh!   Hah! Later.......!
       (Later!...)

Verse 2

      C   F   G
I want to feel your body close,

Em   Am   D   F/G
  From your head down to your toes,

     F   E   Am G D
Maybe help you fold your clothes, later!—

            Am G D
Oh, oh, oh!   Oh, oh!

Verse 3

  ⁴⁄₄ Dm/A   C/A   Dm/A Am
    I want to spread the news,

Em   B   E
  Don't want to soft soap you,

A D   G
  We're meant to live and love to - gether, girl!

   A   Em/A G/A A⁷
Oh, babe!

F   C   Dm C B♭
  There's nothing I can do-oo! Oh, dar - ling, I love you!

Bridge
F   C   B♭   Em⁷ (♭5)
  There's no way you can stay home— alone ba - by!

        Am G D Am   G   D
Lay-hey... Later...   Ah, ah-ah, ah, ah, ah-ah. ah—

Chorus 3
| **Am** | G D | **Am** | G D   ‖
Later—

Am   G D   Am G D
Woh-hoh, woh-hoh,   Later!—

Verse 4

           C   F   G
I want to talk it out with you,

Em   Am   D   F/G
  Try to get the message through,

             F   E
That's not all I want to do,

Chorus 3
      Am G D   Am G D
Later—   Oh, oh!———

| **Am** | G D | **Am** | G D   ‖

  Am G D   Am   G D
Outro (Later!— Take it off later!—)

        Am G D   Am G D
Take it off later!—

Ad lib. to end on chorus

The Laughing Apple

Words & Music by
Cat Stevens

Intro

    C   B♭   D   G C F
Slowly, let me tell you a story of a tree,

          G C D
An ap - ple tree.

| Em | D | Em | D | Em | D | Em | D ‖

Verse 1

Em   D   Em   D
Once in a summer - time garden,

Em   D Em D
Lived a little ap - ple tree,

         G   D   C   D
And the man who owned it wanted it to be picked

            G   D Em   D | Em D ‖
And so he sent for to hire me.

Pre-chorus 1

                Em   D Em   D
Ah well, I've travelled a moun - tain,

           Em   D Em D
And I've travelled the se - ea,

         G   D   C
Ah but I never in my travelling days

        D   G   D   Em   D | Em   D ‖
Have I ever seen a little apple smile at me.

Chorus 1

G   D
Laugh, oh laugh oh little apple,

G   C
Autumn is waiting you better be careful

G   D
   Or it'll bring you down

C   D
If it ever sees you wearing a frown,

  G   D | G | C D ‖
So laugh, oh laugh oh little apple.

Link 1 | Em D | Em D | Em D | Em D‖

Verse 3

      Em   D   Em   D
Well all the apples were hiding

Em   D   Em   D
Frightened that they might be plucked

   G   D   C   D
And every time that somebody passed

                G   D   Em   D | Em D‖
All except that one little apple ducked

Pre-chorus 2   As Pre-chorus 1

Chorus 2   As Chorus 1

Link 2 | Em D | Em D‖

Instr. | Em | Bm Em | Em | A B |

             | Em | Bm Em | D | A | Bm Em | Em   ‖

Chorus 3

G   D
Laugh, oh laugh oh little apple,

G   C
Autumn is waiting you better be careful

G   D
   Or it'll bring you down

   C   D
If it ever sees you wearing a frown,

  G   D | G | C D | Em ‖
So laugh, oh laugh oh little apple.

205

Lilywhite

Words & Music by
Cat Stevens

C Fadd9 F G Em D D7 E

Intro | C | Fadd9 | C | Fadd9 |

| C | Fadd9 | C | Fadd9 ‖

Verse 1
C   Fadd9   C
Back u - pon the mended road
Fadd9 C   Fadd9   C
I pause,   taking time to check the dial,
G   F   D7   E
And the 'Lilywhite' (I never knew her name),
F   G   C F   G   E   G7
But she'll be passing my way some - time a - gain

Interlude | C | Fadd9 | C | Fadd9 ‖

Instr. | C | F C | C | F | C | F C | C | F |

| G | F | D | E | F | G C G | F G | Em G |

| C | Fadd9 | C | Fadd9 ‖

Verse 2
C   Fadd9   C   Fadd9
I raise my hand, and touch the wheel of change,
C   Fadd9   C
Taking time to check the dial,
G   F   D7   E
Thank the 'Lilywhite', (I never knew her name),
F   G   C G F   G   Em   G
But she'll be passing my way— some - time a - gain....
F   G   C G F   G   D
She'll be passing my way— some - time a - gain.

Majik Of Majiks

Words & Music by
Cat Stevens

Em   A/D   E/D   C/B♭   C   B/A   F/G

D/C   Bsus⁴   B   A   F   G   Am

Intro

| Em | Em |

| A/D | A/D |

| E/D | E/D |

| Em | Em |

Verse 1

    Em
What kind of power,
     A/D
What kind of demon is this
     E/D
Who kicks me out in shame,
    Em
With every word he says
    C/B♭   **B/A**
What kind of majik of majiks.

Interlude 1 | Em A | Em A ‖

Verse 2

     Em
What kind of war is this,
    A/D
That I can't fight no more
    E/D
That leaves me weaponless,
    Em
And nails me to the floor

cont.

             C/B♭   A/B
What kind of power——of powers.

Bridge 1

              A A/B | A A/B
What kind of man

              A A/B | A A/B
Can make me turn and see

       F/G
The way I really am.

        D/C   Bsus4 B
Oh tell me who,   oh who?

Interlude 2   ‖ Em A | Em A ‖

Verse 3

Em
Where have my brothers gone,

         A/D
Why don't I see them about

        E/D
They're all around him now.

           Em
And keeping me out

        C/B♭   A/B
What kind of madness, of madness.

Chorus 1

           C
Go on and let him in.

        G
"He's only asking for

         C   G
A simple job to do and nothing more", they said.

        Am
But looking back I see

        B
This stranger had the key

       Em   A   Em   A
To any door, he wished, with his eyes, I say.

Interlude 3 | Em | Em |

                 | A/D | A/D |

                 | E/D | E/D |

                 | Em | Em |

Bridge 2

```
                    A   A/B │ A   A/B
```
What kind of majik⸺ of majiks
```
                    A   A/B │ A   A/B
```
What kind of man⸺
```
                    A   A/B │ A   A/B
```
Can make me turn and see

   F/G
The way I really am.

   D/C
Oh tell me who⸺

   Bsus⁴ B
Oh who?

Chorus 2

   C
Go on and let him in.

     G
He's only asking for

    C
A simple job to do and nothing more.
```
C        C      │ G   │ C   │ G   │ Am  │ B   │ Em  │
```
Go on and let him in.
```
C
```
Go on and let him in.

     G
He's only asking for

    C   **G**
A simple job to do and nothing more.

      Am
But looking back I see

     B
This stranger had the key

    Em
To any door.

Outro

```
│ Em  A │ Em  A ‖

│ Em  A │ Em  A ‖

│ Em    │ Em    │

│ A/D   │ A/D   │

│ E/D   │ E/D   │

│ Em    ‖
```

Longer Boats

Words & Music by
Cat Stevens

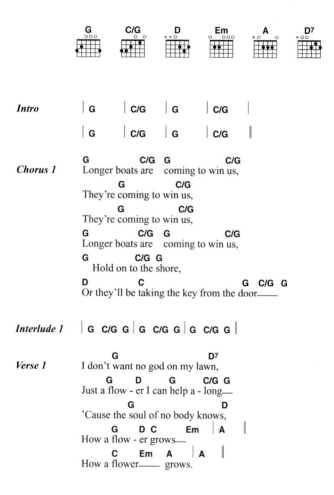

Intro | G | C/G | G | C/G |

| G | C/G | G | C/G ‖

Chorus 1
G   C/G G   C/G
Longer boats are coming to win us,
        G   C/G
They're coming to win us,
        G   C/G
They're coming to win us,
G   C/G G   C/G
Longer boats are coming to win us,
G   C/G G
  Hold on to the shore,
D   C   G C/G G
Or they'll be taking the key from the door——

Interlude 1 | G C/G G | G C/G G | G C/G G ‖

Verse 1
        G   D7
I don't want no god on my lawn,
        G   D   G   C/G G
Just a flow - er I can help a - long——
         G   D
'Cause the soul of no body knows,
        G   D C   Em | A
How a flow - er grows——
        C   Em   A | A ‖
How a flower—— grows.

Chorus 2

G   C/G G   C/G
Longer boats are   coming to win us,

        G   C/G
They're coming to win us,

        G   C/G
They're coming to win us,

G   C/G G   C/G
Longer boats are   coming to win us,

G   C/G G
   Hold on to the shore,

D   C   G   C/G G
Or they'll be taking the key from the door.——

Interlude 2 | G C/G G | G C/G G | G C/G G ‖

Verse 2

          G   D7
Mary dropped her pants by the sand,

             G   D   G   C/G G
And let a par - son come and take her hand——

            G   D
But the soul of nobody knows

               G   D C   Em | A   ‖
Where the par - son goes——

                   C   Em   A
Where does the par - son—— go?——

Interlude 3 | G C/G G | G C/G G | G C/G G | G C/G G |

               | G C/G G | G C/G G | G C/G G | G C/G G ‖

Chorus 3

G   C/G G   C/G
Longer boats are   coming to win us,

        G   C/G
They're coming to win us,

        G   C/G
They're coming to win us,

G   C/G G   C/G
Longer boats are   coming to win us,

G   C/G G
   Hold on to the shore,

D   C   G   C/G
Or they'll be taking the key from the door.——

Outro | G C/G G | G C/G G | G C/G G | G   ‖

Love Lives In The Sky

Words & Music by
Cat Stevens

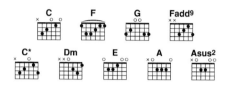

Intro $\frac{4}{4}$ | C | F | F | F |

$\frac{2}{4}$ | F ‖

$\frac{4}{4}$ | C   G | C   F | C   G | C ‖

‖ G   Fadd9   C*   Fadd9 |

$\frac{3}{4}$ | G |

$\frac{5}{4}$ | C ‖

Verse 1

      N.C.
Oh the trees grow higher than the mountain,

                            F
In the land of free love and good - bye,

           C
The river's ever growing,

    G   **C**   **F** | **C**   **G** | **C** |
The fish is flowing.

        G   **Fadd9**   **C***   **Fadd9**   **G**
And the lo - o   -   o - o   -   ove lives in the sky.

Link 1 $\frac{4}{4}$ | C | F | F | F |

$\frac{2}{4}$ | F ||

$\frac{4}{4}$ | C   G | C   F | C   G | C ||

|| G   Fadd⁹   C*   Fadd⁹ |

$\frac{3}{4}$ | G |

$\frac{6}{4}$ | C ||

Verse 2

N.C.   C   F
In the night flies a team of white horses,

And they glimmer clean in your eye

          C
The bird of dawn is bringing
   G   C   F | C   G | C |
The simpleness of singing.
       G   Fadd⁹   C*   Fadd⁹   G
And the so - o -   o - o -   ong lives in the sky.

Link 2 ||: Dm   G | C | F   Dm   E | A   Asus²   A :||

Verse 3

    C   F
The trees grow higher than the mountain

In the land of free love and goodbye,

        C
The river's ever growing,
   G   C   F | C   G | C |
The fish is flowing.
       G   Fadd⁹   C*   Fadd⁹   G   C
And the lo - o -   o - o -   ove lives in the sky.

Outro ||: Dm   G | C | F   Dm   E | A   Asus²   A :||

Lovely City
(When Do You Laugh?)

Words & Music by
Cat Stevens

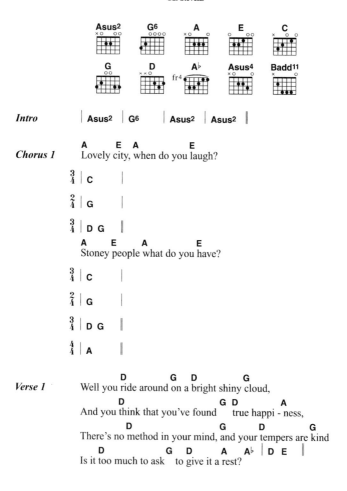

Intro | Asus² | G⁶ | Asus² | Asus² ‖

Chorus 1

   A E A   E
Lovely city, when do you laugh?

$\frac{3}{4}$ | C |

$\frac{2}{4}$ | G |

$\frac{3}{4}$ | D G ‖

   A E A   E
Stoney people what do you have?

$\frac{3}{4}$ | C |

$\frac{2}{4}$ | G |

$\frac{3}{4}$ | D G ‖

$\frac{4}{4}$ | A   ‖

Verse 1

    D   G D   G
Well you ride around on a bright shiny cloud,

     D   G D   A
And you think that you've found true happi - ness,

      D   G D   G
There's no method in your mind, and your tempers are kind

     D   G D A A♭ | D E ‖
Is it too much to ask to give it a rest?

Chorus 2   As Chorus 1

Verse 2
       D   **G**   **D**   **G**
I'm a part of you,   you don't wanna be,
       D   **G**   **D**   **A**
I'm an unexpected visit - or who's dropped in for tea,
         D **G** **D**   **G**   **D**   **G**
But I'm not so low   you don't even know that I'm here,
   D   **A**   **A♭** **D** **E** ‖
You can't even see.

Link 1   ❘ **A E** ❘ **A E** ❘

$\frac{6}{4}$ ❘ **C G D** $\frac{4}{4}$❘ **A E** ❘ **A E** ❘

$\frac{6}{4}$ ❘ **C G D** ‖

Chorus 3   As Chorus 1

❘ **A Asus⁴** ❘ **A Asus⁴** ❘ **Asus²** ❘ **G⁶** ❘ **Asus⁴** ❘ ‖

Chorus 4
A   **E** **A**   **E**
Lovely city, when do you laugh?

$\frac{3}{4}$ ❘ **C** ❘

$\frac{2}{4}$ ❘ **G** ❘

$\frac{3}{4}$ ❘ **D G** ‖

A   **E**   **A**   **E**
Stoney people what do you have?

$\frac{3}{4}$ ❘ **C** ❘

$\frac{2}{4}$ ❘ **G** ❘

$\frac{3}{4}$ ❘ **D G** ❘

Outro $\frac{4}{4}$ ❘ **Asus²** ❘ **G⁶** ❘ **E Badd¹¹ A** ❘

‖: **E Badd¹¹ A** ❘ **E Badd¹¹ A** :‖ *Repeat to fade*

Mona Bone Jakon

Words & Music by
Cat Stevens

Intro
| C | D | A |

| C | D | A ‖

Verse 1

     C   D A   C D A
Yes, I've got a Mona Bone Ja - kon,

     C   D   A   C D A
But it won't be lonely for long,

     C   D A   C D A
Yes, I've got a Mona Bone Ja - kon,

     C   D A   C D A
But it won't be lonely for long!

Verse 2

     G   C D   C A
Yes, I've got my reasons, and to me they're all true,

     G   C D   C A
And I wouldn't change them, not ev - en for you!

     C   D A   C D A
Yes, I've got a Mona Bone Ja - kon,

     C   D A   C D A
But it won't be lonely for long!

Outro

(A)   C   D   A   C D A ‖ *Repeat ad lib.*
Yeah, yeah, yeah, yeah *etc.*

Nascimento

Words & Music by
Cat Stevens

Dm7 fr5 **E/D** fr4 **Emadd9** **B♭maj7** fr3 **Amaj7** **B6** **B7**

Intro | **D** (open D string only) *4 times*

Section 1 |: Dm7 | Dm7 | E/D | E/D :|

|: Dm7 | Dm7 | Emadd9 | Emadd9 :|

Section 2 | B♭maj7 | B♭maj7 | Amaj7 | Amaj7 |

| B♭maj7 | B♭maj7 | Amaj7 | B6 ‖

Section 3 (Sax break): | Amaj7 | B7 | Amaj7 | B6 ‖ *2 times*

Section 1 (reprise) | Dm7 | E/D | Dm7 | E/D ‖

| Dm7 | Dm7 | Em9 | Em9 ‖ *2 times*

Section 2 (reprise) As section 2

Section 3 (reprise) | Amaj7 | B7 | Amaj7 | B6 ‖ *2 times*

Section 1 | Dm7 | Dm7 | E/D | E/D ‖ *2 times*

Section 2 (reprise) As section 2

Section 3 (Sax break ad.lib) |: Amaj7 | B7 | Amaj7 | B6 :| *Repeat to fade*

Matthew And Son

Words & Music by
Cat Stevens

B A E D Em

Intro | B | B | A | A |

     | B | B | A | A ||

     | E | E ||

Verse 1 Up at eight, you can't be late
         D   E
        For Matthew & Son, he won't wait.
        E
        Watch them run down to platform one
           D   E
        And the eight-thirty train to Matthew & Son.

        B   A
Chorus 1 Matthew & Son, the work's never done, there's always something new.
        B   A
        The files in your head, you take them to bed, you're never ever through.
              E   A B E | E A | B E | Em | Em ||
        And they've been working all day, all day, all day!

            E
Verse 2 There's a five minute break and that's all you take,
         D   E
        For a cup of cold coffee and a piece of cake.

Chorus 2

   B   **A**
Matthew & Son, the work's never done, there's always something new.

   B   **A**
The files in your head, you take them to bed, you're never ever through.

                   E   **A**   **B**   **E** |E A|B E|Em |Em ‖
And they've been working all day, all day, all day!

Middle 8

   Em   **A**   **Em**
He's got people who've been working for fifty years

                     A   **Em**
No one asks for more money 'cause nobody dares

                    A   **Em** | A | Em| A ‖
Even though they're pretty low and their rent's in arrears

   B   **A**   **B**   **A**
Matthew & Son, Matthew & Son, Matthew & Son, Matthew & Son,

              E   **A**   **B**   **E** |E A|B E|Em |Em‖
And they've been working all day, all day, all day!

Link | **B** | **B** | **A** | **A**   ‖

      B   **A**   **B**   **A**
‖: Matthew & Son, Matthew & Son, Matthew & Son, Matthew & Son, :‖

(Repeat and fade)

219

Maybe There's A World

Words & Music by
Yusuf Islam

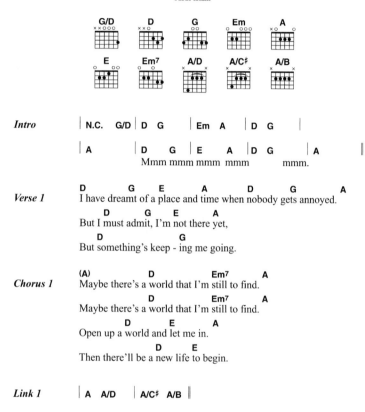

Intro | N.C. G/D | D G | Em A | D G |

| A | D   G | E   A | D G | A   ‖

Mmm mmm mmm mmm   mmm.

Verse 1
D   G   E   A   D   G   A
I have dreamt of a place and time when nobody gets annoyed.
D   G   E   A
But I must admit, I'm not there yet,
D   G
But something's keep - ing me going.

Chorus 1
(A)   D   Em⁷   A
Maybe there's a world that I'm still to find.
D   Em⁷   A
Maybe there's a world that I'm still to find.
D   E   A
Open up a world and let me in.
D   E
Then there'll be a new life to begin.

Link 1 | A A/D | A/C♯ A/B ‖

Verse 2

    D   G   E   A
I have dreamt of an open world,
    D   G   A
Borderless and wide.
           D   G   E   A
Where the people move from place to place
       D   G   A
And nobody's taking sides.

Chorus 2   As Chorus 1

Bridge 1

(A)   D   E   A   G
I've been waiting for that mo - ment to arise.
     D   E   A   G
All at once the pal - ace of peace will fill my eyes.
       E | A
How nice.

Link 2 | D G | E A | D G | A | D G | E A | D G ‖

Chorus 3   As Chorus 1

Bridge 2

| A | (A)   D   E   A   G
             I've been waiting for that mo - ment to arrive
       D   E   A   G
All at once the wrongs of the world will be put right.
       E | A
How nice.

Outro | D G | E A | D G A | D   ‖

Maybe You're Right

Words & Music by
Cat Stevens

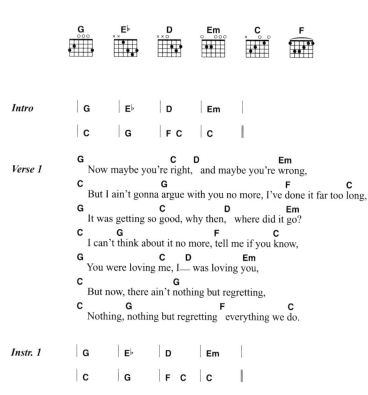

Intro

| G | E♭ | D | Em | |

| C | G | F C | C |

Verse 1

    G   C   D   Em
Now maybe you're right,   and maybe you're wrong,

    C   G   F   C
But I ain't gonna argue with you no more, I've done it far too long,

    G   C   D
It was getting so good, why then,   where did it go?

    C   G   F   C
I can't think about it no more, tell me if you know,

    G   C   D   Em
You were loving me, I— was loving you,

    C   G
But now, there ain't nothing but regretting,

    C   G   F   C
Nothing, nothing but regretting   everything we do.

Instr. 1

| G | E♭ | D | Em | |

| C | G | F C | C |

Verse 1

G   C   D   Em
  I put up with your lies, like   you put up with mine,
C   G
But, God knows, we should have stopped somewhere,
F   C
  We could've taken the time—
G   C   D   Em
  But time has turned, yes,   some call it the end
C   G   C   G
  So tell me, tell me did you really love me like a friend?
C   G
  You know you don't have to pretend
C   G   C   G
  It's all over now,   it'll never happen again.
             C   G   C   G
No, no, no, it'll never happen again,   it won't happen again,
C   G   C   G
  Never,   never, never, it'll never happen again,
F   C   G
No, no, no, no, no— no, no, no, no, no.—

Instr. 2

| G | E♭ | D | Em | |
| C | G | F C | C | ‖ |

Verse 2   As Verse 1

Outro

G	E♭	D	Em	
C	G	F C	C	
F C	C	G	‖

223

Midday (Avoid City After Dark)

Words & Music by
Yusuf Islam

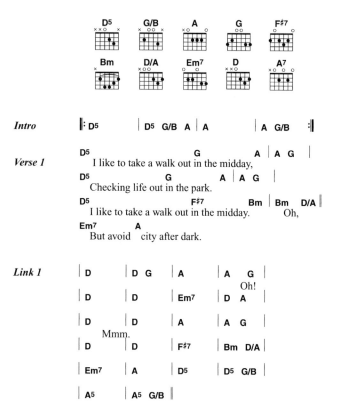

Intro　　‖: D5　　| D5　G/B　A | A　　　| A　G/B　:‖

Verse 1

D5　　　　　　　　　G　　　　　　A | A　G |
　I like to take a walk out in the midday,

D5　　　　　　　G　　　　　　A | A　G |
　Checking life out in the park.

D5　　　　　　　　F#7　　　　　Bm | Bm　D/A ‖
　I like to take a walk out in the midday.　　　Oh,

Em7　　　　　A
　But avoid　city after dark.

Link 1　　| D　　　| D　G | A　　　| A　G |
　　　　　　　　　　　　　　　　　　　　　Oh!

　　　　| D　　　| D　　| Em7　| D　A |

　　　　| D　　　| D　　| A　　　| A　G |
　　　　　Mmm.

　　　　| D　　　| D　　| F#7　| Bm　D/A |

　　　　| Em7　| A　　| D5　　| D5　G/B |

　　　　| A5　　| A5　G/B ‖

Verse 2

D⁵   **G**   **A** | **A** **G** |
I love to see the children playing   in the rain,

D⁵   **G**   **A** | **A** **G** |
Splashing boots and kicking mud.

D⁵   **F♯7**   **Bm** | **Bm** **D/A** ‖
I love to see the kids play - ing in the rain.   Oh,

Em⁷   **A**
But I avoid   city after dark.

Link 2

D	**D** **G**	**A**	**A** **G**
			Oh!
D	**D**	**Em⁷**	**D** **A**
D	**D**	**A**	**A** **G**
Mmm.			
D	**D**	**F♯7**	**Bm** **D/A**
Em⁷	**A**	**D**	**D** **Bm**
A	**A**	‖	

Verse 3

D⁵   **G**   **A** | **A** **G** |
I love to feel the ocean blowing in my face.

D⁵   **G**   **A** | **A** **G** |
Wave, as the old boats depart.

D⁵   **F♯7**   **Bm** | **Bm** **D/A** ‖
I love to feel the wind blowing in my face.   Oh,

Em⁷   **A**
But avoid   city after dark.

Outro

| D | D | D | D |
| | Oh! | La la | la la la la |

| Em⁷ | D A | D | D |
| la la la la la. | | La la | la la la la |

| A | A G | D | D |
| | | Na na | na na na na |

| F♯⁷ | Bm D/A | Em⁷ | A |
| na na na na na. | | Na na | na na. |

| D | D | F♯⁷ | Bm |
| | | Oh, oh, oh, | yeah. |

| Em⁷ A | D | 2/4 D | 4/4 F♯⁷ |
| Mmm mmm mmm. | | | |

| Bm | Em⁷ A | D | D G/B |

| A⁷ | A⁷ G/B | D | D G/B |

| A⁷ | A⁷ G/B | D | ‖ |

226

Moonshadow

Words & Music by
Cat Stevens

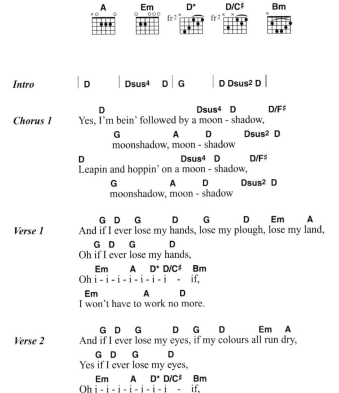

Intro | D | Dsus⁴ D | G | D Dsus² D ‖

Chorus 1
         D   Dsus⁴ D   D/F♯
Yes, I'm bein' followed by a moon - shadow,
       G   A   D   Dsus² D
moonshadow, moon - shadow
D   Dsus⁴ D   D/F♯
Leapin and hoppin' on a moon - shadow,
       G   A   D   Dsus² D
moonshadow, moon - shadow

Verse 1
       G D G   D   G   D   Em   A
And if I ever lose my hands, lose my plough, lose my land,
       G D G   D
Oh if I ever lose my hands,
      Em   A   D* D/C♯ Bm
Oh i - i - i - i - i - i - i - if,
    Em   A   D
I won't have to work no more.

Verse 2
       G D G   D   G   D   Em A
And if I ever lose my eyes, if my colours all run dry,
       G D G   D
Yes if I ever lose my eyes,
      Em   A   D* D/C♯ Bm
Oh i - i - i - i - i - i - i - if,
    Em   A   D
I won't have to cry no more.

Chorus 2

      D   **Dsus⁴ D**   **D/F♯**
Yes, I'm bein' followed by a moon - shadow,

           G   **A**   **D**   **Dsus² D**
       moonshadow, moon - shadow

D   **Dsus⁴ D**   **D/F♯**
Leapin and hoppin' on a moon - shadow,

         G   **A**   **D**   **Dsus² D**
      moonshadow, moon - shadow

Verse 3

      G D G   **D   G   D**   **Em   A**
And if I ever lose my legs, I won't moan, and I won't beg,

      G D G   **D**
Oh if I ever lose my legs,

     Em   **A**   **D* D/C♯** **Bm**
Oh i - i - i - i - i - i - i   - if,

     Em   **A**   **D**
I won't have to walk no more.

Verse 4

      G D G   **D**   **G   D**   **Em**   **A**
And if I ever lose my mouth, all my teeth, north and south,

      G D G   **D**
Yes if I ever lose my mouth,

     Em   **A**   **D* D/C♯** **Bm**
Oh i - i - i - i - i - i - i   - if,

     Em   **A**   **D**
I won't have to talk.

Instr.   ‖: **D**   │ **Dsus⁴ D D/F♯** │ **G**   **A** │ **D Dsus² D** :‖

Bridge

E   **A**   **E**   **A**
Did it take long to find me? I asked the faithful light.

     E   **A**   **E**   **A**   **G**
Oh did it take long to find me? And are you gonna stay the night?

Chorus 3

D   **Dsus4** **D**   **D/F♯**
I'm bein' followed by a moon - shadow,

          G   **A**   **D**   **Dsus2** **D**
          moonshadow, moon - shadow

D   **Dsus4** **D**   **D/F♯**
Leapin and hoppin' on a moon - shadow,

          G   **A**   **D**   **Dsus2** **D**
          moonshadow, moon - shadow

G   **A**   **D**
Moonshadow, moon - shadow

G   **A**   **D**
Moonshadow, moon - shadow.

Miles From Nowhere

Words & Music by
Cat Stevens

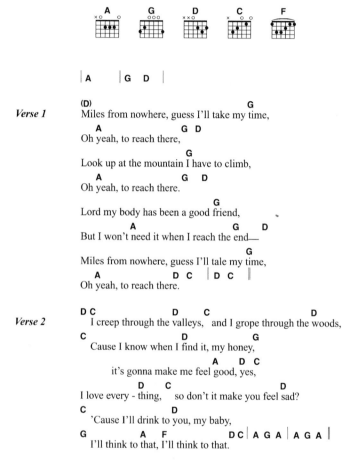

| A | | G | D | |

Verse 1

(D)
                              G
Miles from nowhere, guess I'll take my time,
   A   **G D**
Oh yeah, to reach there,

                     G
Look up at the mountain I have to climb,
   A   **G D**
Oh yeah, to reach there.

                     G
Lord my body has been a good friend,
        A   **G**   **D**
But I won't need it when I reach the end—

                     G
Miles from nowhere, guess I'll tale my time,
   A   **D C** | **D C** ‖
Oh yeah, to reach there.

Verse 2

D C   **D**   **C**   **D**
  I creep through the valleys,   and I grope through the woods,
C   **D**   **G**
  Cause I know when I find it, my honey,
                       A   **D C**
    it's gonna make me feel good, yes,
              D   **C**   **D**
I love every - thing,   so don't it make you feel sad?
C   **D**
  'Cause I'll drink to you, my baby,
G   **A**   **F**   **D C**| **A G A** | **A G A** ‖
I'll think to that, I'll think to that.

Verse 3

         D   **G**
Miles from nowhere, not a soul in sight,

  A   **G** **D**
Oh yeah, but it's al - right.

             G   **A**
I have my freedom,   I can make my own rules, oh yeah,

               G **D**
The ones that I choose.

                     G
Lord my body, has been a good friend,

          A   **D** **C**
But I won't need it when I reach the end.—

| **D** **C** | **D** **C** ‖ *Play 4 times*

| **D** **G** | **A D C** ‖

Verse 4

(C)   **D**   **C**   **D**
I love every - thing,   so don't it make you feel sad?

C   **D**
  'Cause I'll drink to you, my baby,

G   **A**   **F**   **D**
  I'll think to that, yes I'll think to that,

C   **D**   **C** | **A G A** | **A G A** ‖
I'll think to that....

Outro

             D   **G**
Miles from nowhere, guess I'll take my time,

  A   **G** **D**
Oh yeah,   to reach there.

Monad's Anthem

Words & Music by
Cat Stevens

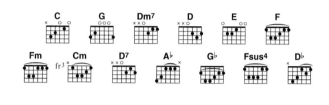

Intro
| C | F | G | C ‖

Verse 1

  C Dm7   C   F
One is the ever blazing star

            C   D
Sword of the immortal world

      E   F
And highest light

         C Dm7
Yes, this is our star,

          C
Is ever rising,

F   C   D
Born of the eternal lamp

      E   F | Fm | Cm | D7
And holy fire——

Instr.
| A♭ F | G A♭ G F ‖

Bridge

E   D/F#   G
Mighty burning mountain

A   Bb   C
The everlasting love of one is

G   C   G   Ab   Gb
One is one is one is one is one

C   Fsus4 C Fsus4 C Db C Db C Db
Is one⸺⸺⸺⸺⸺⸺⸺

Verse 2

C   Dm7   C   F
One is the ever kindling star

                C   D
King of the immortal spark

E   F
In heaven's eye⸺⸺

        Fsus2   Fsus4 F
Yes, this is our⸺ star.

              C | Dm7 | C | F   ‖
Yes, this is our star.

C   Dm7 C F C   F   C
Our star⸺ our star.

Moonstone

Words & Music by
Cat Stevens

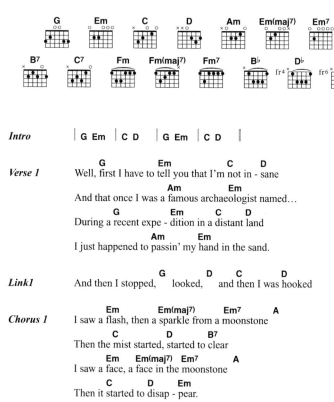

Intro | G Em | C D | G Em | C D ‖

Verse 1
              G   Em   C   D
Well, first I have to tell you that I'm not in - sane
                        Am   Em
And that once I was a famous archaeologist named…
            G   Em   C   D
During a recent expe - dition in a distant land
                  Am   Em
I just happened to passin' my hand in the sand.

Link1
                         G   D   C   D
And then I stopped,   looked,   and then I was hooked

Chorus 1
               Em   Em(maj7)   Em7   A
I saw a flash, then a sparkle from a moonstone
                C   D   B7
Then the mist started, started to clear
             Em   Em(maj7) Em7   A
I saw a face, a face in the moonstone
             C   D   Em
Then it started to disap - pear.

Verse 2

       G   **Em**   **C**   **D**
Well, I walked and walked and never talked for many days
                      Am   **Em**
And without a friend the desert is a lonely place
    G   **Em**   **C**   **D**
I was just about to turn around and make way home
                    Am   **Em**
When something told me that I had to see it again

Link 2   As Link 1

Chorus 2   As Chorus 1

             Em A Em
Bridge   Avu - ra - a - ay,
             Em A Em
      Avu - ra - a - ay.
            G C G C B7
      Avu - ra - a -a - a - ay.

Instr. | **Em Em(maj7)** | **Em7 A** | **C D** | **B7** |

         | **Em Em(maj7)** | **Em7 A** | **C D** | **Em C7** ||

               Fm   **Fm(maj7)**   **Fm7**   **B♭**
Chorus 3 I saw a flash, then a sparkle from a moonstone
              D♭   **E♭**   **C7**
      Then the mist started, started to clear
             Fm   **Fm(maj7)**   **Fm7**   **B♭**
      I saw a face, a face in the   moonstone
             D♭   **E♭**   **Fm**
      Then it started to disap - pear,
                D♭   **E♭**   **C7**
      And then it started to disap - pear,
                D♭   **C7**   **Fm**
      And then it started   to disap - pear.

Morning Has Broken

Words by Eleanor Farjeon
Music arranged by Cat Stevens

Intro
| D | G | A | F# | |
| Bm | G7 | C | F | C ‖ |

Verse 1

   N.C.   C   Dm G   F   C
Morning has bro - ken, like the first morn - ing,

                        Em Am D7sus4   G
Blackbird has spo - ken, like the first bird,

C   F   C   Am   D
Praise for the singing, praise for the morn - ing,

G   C   F G7   C
Praise for the spring - ing fresh from the world.

Interlude
| F | G | E | Am | |
| G | C | G7sus ‖ |

Verse 2

                    C   Dm G   F   C
Sweet the rain's new fall, sunlit from hea - ven,

                     Em Am D7sus   G
Like the first dew - fall, on the first grass,

C   F   C   Am D
Praise for the sweet - ness of the wet gar - den

G   C   F G7   C
Sprung in complete - ness where his feet pass.

Bridge 1	F	G	E	Am

F♯	Bm	G	D

A⁷sus⁴	D

Verse 3

D   Em A   G   D
Mine is the sun - light, mine is the morn - ing

          F♯m Bm E⁷   A   A⁷
Born of the one light, Eden saw play,

D   G   D   Bm   E
Praise with elat - ion, praise every morn - ing

A   D G A⁷   D
God's recre - a - tion of the new day.

Bridge 2	G	A	F♯	Bm

G⁷	C	F	C

Verse 4

          C Dm G   F   C
Morning has bro - ken, like the first morn - ing,

          Em Am D⁷sus⁴   G
Blackbird has spo - ken, like the first bird,

C   F   C   Am D
Praise for the singing, praise for the morn - ing,

G   C   F G⁷   C
Praise for the spring - ing fresh from the world.

Outro	F	G	E	Am

F♯	Bm	G	D

A⁷sus⁴	D

Music

Words & Music by
Cat Stevens

Capo third fret

Intro

| D F | G A | D F | G A |

| D F | G A | A7♯9 | A7♯9 ‖

| D F G | A D A | D F G | A D A ‖

Verse 1

D   F   G A
Yes - ter - day
D   F
   I was on the edge,
                                  A
Hoping everything was going to work itself out.

| D F G | A D A | D F G | A D A ‖

D   F   G   A
   A good hon - est man,
D   F
Doing the work of God,
          G   A
Trying to make things better for Him!

| D F G | A D A | D F G | A D A ‖

   F   G C
A lover of life
D   F
In a school for fools,
G   A   D   F G | A ‖
Trying to find another way to sur - vive!

Chorus 1

G/D D   G/D D   G/D D
New music,   new music, new music,

C   G   Em
Sweet music   can lighten us

            Am
Can brighten the world—

       Em
The world—

       D F G   A   D
Can save us!   Woh, oh, oh!

Instr.

D F G	A	
D F G	A	
D F G	A	
D F G	A ‖

Verse 2

D F   G   A   D   F
My friend said; "Well, I think I found a way to help
G   D | D F | G A | D F | G A ‖
make myself richer."

      D F   G A   D   F
I said, "Don't you know,   well it won't be too long
        G   A   D F G | A D ‖
Before the bad ol' devil will get you back!"

| D F G | A | |
| D F G | A ‖

       F   G   C   D
I said... "Put back your heart and sing,

F G   A   D   A
Sing while you know you're still living,"

D   F   G   A
Sing, sing, sing   while you know there's still—

G/D D   G/D D   G/D D
New music, new music, new music,

C   G   Em   Am   Em
Sweet music   can lighten us, can brighten the world,

Can save us.

| D F G | A |

| D F G | A |

| D F G |

Bridge

           D C/D   D C/D
Oh! Take a look at the world,

                 D C/D   D C/D
    Think about how it will end,

              D C/D   D C/D
There'd be no wars in the world,

              D C/D   D C/D
If everybody joined the band!

              D C/D   D C/D
Think about the light in your eyes,

              D C/D   D C/D
Think about what you should know,

              D C/D   D C/D
There'd be no wars in the world

           C/D   D   C♯ B G7/B
If everybody joined in the show— oh, oh!

C/D   D   D C/D   D C/D
Think about the light in your eyes,

              D C/D   D C/D
Think about what you should know,

              D C/D   D C/D
There'd be no wars in the world

              D C/D   D C/D
If everybody joined in the show—— in the show!

Chorus 2

G/D D | G/D D | G/D D
    New music,

C   G
Sweet music

Em   D F   G A D
    Can lighten us, can brighten the world,— ah!——

240

Instr. ‖ D F ‖ G A ‖ D F ‖ G A ‖

‖ D F ‖ G A ‖ A7#9 ‖

Verse 4

D   F   G A D A
Yes - ter - day   I was on the edge,

F   G   A   D   A
Hoping every - thing was going to work itself out.

‖ D F G ‖ A D ‖

‖ D F G ‖ A D ‖

D   F   G A   D/A A
A good hon - est man,

D   F
Doing the work of God,

G   A   D
Trying to make things better for him!

‖ D F G ‖ A D ‖

‖ D F G ‖ A D ‖

D F   G   A   D/A A
A lover of life

D   F
In a school for fools,

    G   A   D   A
Trying to find another way to sur - vive.

‖ D F G ‖ A D ‖ A A ‖ *Play 6 times*

‖ D ‖

241

New York Times

Words & Music by
Cat Stevens

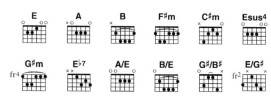

Capo third fret

Intro | A B ‖

| E   A   E   B   E | E A | E B E ‖

Chorus 1   New York poor New York, ooh…

| E   A   E   B   E | E A | E B E ‖
New York poor New York, ooh…

Verse 1
A/E   E
Cars choking your child to death

A/E   B/E   A/E B/E A/E
    But you don't wanna see

A/E   E
'Cause you only think about yourself

A/E   C♯m | C♯m A B ‖
How blind can you be?

Chorus 2
E   A/E E   B/E E
New York poor New York

E   A/E   E B/E E
Sniper on the rooftop   New York

E   A/E E   G♯/B♯ C♯m
New York poor New York

      E   A/E E B/E E
Not fit for a dog in New York.

Verse 2

    A   **E**
Everybody bites on the Big Apple

    A   **B** **A B A**
Leave the hungry in tears

    A   **E** **A/E**   **C♯m**
But no one gives a damn no one really cares

             B   **A** **B**   **A**   **B**
How they feel, they're just paper people not real.

Instr.

| **E A/E** | **E B/E E** | **E A/E** | **E B/E E** ‖

| **E/G♯** **A** | **B G♯/B♯** | **C♯m** |

E   **A**   **E**   **B**   **E**
You need a gun to walk into New York.

Bridge

    F♯m   **G♯m**
Now you're broke and you're out on a ledge

    A   **G♯m**
    Who can help you this time?

    F♯m   **G♯m**
Now you're down to your very last cent

    A   **B**
Still you're askin' me who was your friend?

    B   ‖ **Esus4** ‖
I was your friend.

Chorus 3

    E   **A/E E**   **B/E E**
New York, poor New York

    E   **A/E**   **E B/E E**
Who turned the lights out in New York?

    E   **A/E E**   **G♯/B♯ C♯m**
New York, poor New York

    E   **A/E**   **E**   **B/E**   **E**
Just another blackout in New York.

Verse 3

```
A                 E
Girl dead on the 26th floor
A                    B  A B A
   But no one knew her name
A               E
Found her body behind the door
A              C♯m   | G♯m | E♭7 A B ‖
Too young for the game.
```

Chorus 4

```
E    A/E  E    B/E  E
New York poor New York
E            A/E      E B/E  E
Devils in the subway——   New York
E    A/E  E    G♯/B♯ C♯m
New York poor New York
E    A/E  E    B/E  E   | D      | C♯m F♯m | C♯m B |
New York, poor New York                talkin'——
D  | D  | C♯m   | A  | E  | B       ‖
Talkin', talkin'——           watch out.
```

Outro

```
| E  A  | E B E | D      | D        ‖
E    A    E    B    E   D
                      Harlem touching midtown New York,

E    A    E    B    E   D
New York, poor New York
E    A  | E    B    E   D
                  Talkin' 'bout New York, New York
E    A  | E    B    E   D
                  Money's getting tighter New York,
E    A  | E    B    E   D
                  They're burning the bridges to New York.
```

Novim's Nightmare

Words & Music by
Cat Stevens

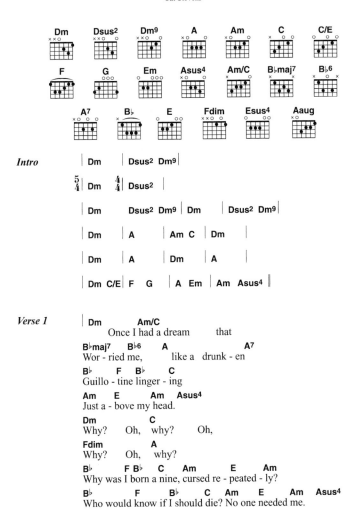

Intro | Dm | Dsus² Dm⁹ |

$\frac{5}{4}$ | Dm $\frac{4}{4}$ | Dsus² |

| Dm | Dsus² Dm⁹ | Dm | Dsus² Dm⁹ |

| Dm | A | Am C | Dm | |

| Dm | A | Dm | A | |

| Dm C/E | F | G | A Em | Am Asus⁴ ||

Verse 1

    | Dm   Am/C
        Once I had a dream   that

B♭maj⁷ B♭⁶ A   A⁷
Wor - ried me,   like a drunk - en

B♭   F B♭   C
Guillo - tine linger - ing

Am E   Am Asus⁴
Just a - bove my head.

Dm   C
Why? Oh, why?   Oh,

Fdim   A
Why? Oh,   why?

B♭   F B♭   C Am   E   Am
Why was I born a nine, cursed re - peated - ly?

B♭   F   B♭   C Am E   Am   Asus⁴
Who would know if I should die? No one needed me.

Chorus 2

Dm   A   A7
Doo-doo, doo-doo,   doo, doo, doo, doo-doo, doo-doo,

Dm   Dm   A   A7
Doo-doo, doo-doo,   doo, doo, doo, doo-doo, doo-doo,

Dm   F   G
Doo-doo, doo-doo,   doo, doo, doo-doo doo,

Am   Em   Am   Asus4
Doo, doo, doo, doo.

Verse 2

Dm   F   C   Em   A
Dark___ and empty was the place, to which I'd come,

Dm   F   C   Em   A
Cold___ and silent was the house my name was on.

C   D B♭   F   C   Esus4 Em   A
Nine   rooms, and a tomb in every one,

  Dm   F   C   Em   Aaug   A
So dark, and empty was the place to which I'd   come.

Verse 3

Dm   Am/C
     All at once my   bones be-

B♭maj7   B♭6   A
-gan   to change,   I was tall and

B♭   F   B♭   C
young a - gain,   sweet   as rain

Am   E   Am   Asus4
Fall - ing   on   the   snow,

Dm   C
Who?   Who?

Fdim   A
Who?   Who?

Middle

B♭   F B♭   C Am   E   Am
Who is he? Who am I? What played in between?

B♭   F B♭   C   Am   E   Am Asus⁴
How can I say good - bye? No one let me in,

D   G/D   C/D G/D   D
Can't see no need for nine no more,

F♯m   B   E⁷sus⁴ E⁷   Asus⁴ A
  Now it's too late to o - pen the door.

Chorus 2

Dm   Am/C
      La, la, la, la, la!   La,

B♭maj⁷   B♭6   A   A⁷
La,   la, la!   La, la, la, la, *etc.*

Dm	Dm	A	Dm	
A	Dm	F G	Am	
Asus⁴ ‖				

Never

Words & Music by
Cat Stevens

Intro
| E | E F♯ | B | |
| B A | E | E F♯ | B A ‖

Verse 1

E   F♯   B |B A
I know there'll be another time

E   F♯   B |B A
There's going to be another moment,

E   F♯   B |B A
There'll never be another you

D   E   A |A E
There's going to be another story

D   E   A E
There's so much left for you to do, love.

Verse 2

E   F♯   B |B A
  There'll never be another you

E   F♯   B |B A
There's going to be another spring,

E   F♯ B |B A
And it won't always be winter

E   A B |B A
And it'll always be spring.

D   E   A |A E
There's going to be another kingdom

D   E A E
There's so much left for you to know, love.

Bridge

E   F♯   B   │ B A
There'll never be another you

D E G A
I will be there when you need me

D E G   A
Darling you'll just have to say

E   │ G A   E   A
                But you know I'll be there anyway

F♯   A   B
You've got to have faith in me darling

F♯   D   A
Got to have faith in yourself,

               G
Faith in your wealth.

Verse 3

E   F♯   B   │ B A
  I know there'll be another spring

E   F♯ B │ B A
And it won't always be winter

E   F♯ B │ B A
And it'll always be spring

D   E   A   │ A E
There's going to be another story

D   E   A   E
There's so much left for you to know, love

E   F♯   B   │ B A   │ E
There'll never be—— another you

E   F♯   B   │ B A   │ E
There'll never be—— another you

E   F♯   B   F♯
There'll never be—— another you, love.

Northern Wind

Words & Music by
Cat Stevens

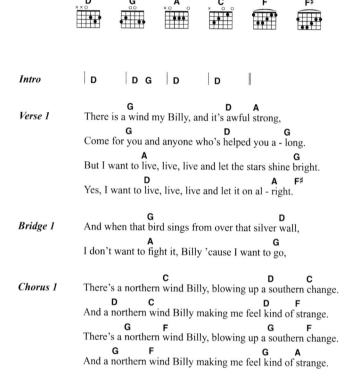

Intro | D | D G | D | D ||

Verse 1
                    G   **D**   **A**
There is a wind my Billy, and it's awful strong,
          G   **D**   **G**
Come for you and anyone who's helped you a - long.
                      A
But I want to live, live, live and let the stars shine bright.
            D   **A** **F#**
Yes, I want to live, live, live and let it on al - right.

Bridge 1
                    G   **D**
And when that bird sings from over that silver wall,
          A   **G**
I don't want to fight it, Billy 'cause I want to go,

Chorus 1
                C   **D**   **C**
There's a northern wind Billy, blowing up a southern change.
      D   **C**   **D**   **F**
And a northern wind Billy making me feel kind of strange.
          G   **F**   **G**   **F**
There's a northern wind Billy, blowing up a southern change.
      G   **F**   **G**   **A**
And a northern wind Billy making me feel kind of strange.

Verse 2

```
          D        G                    D       A
And with this gun goes everything I want to say,
          G                        D          G
Not for you but for anyone who takes it a - way,
                A                              G
Let it feel his life, life, life until there's nothing left,
                D                              A
Let it kill his wife, wife, wife until he goes too bad.
```

Bridge 2   As Bridge 1

Chorus 2   As Chorus 1

Repeat Chorus to fade

O' Caritas

Words & Music by
Cat Stevens, Jeremy Taylor & Andreas Toumazis

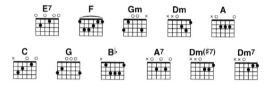

Intro | Dm | Gm A | Gm A | Dm ‖

Verse 1

Dm   C   A
Hunc ornatum mu - ndi,

Dm C   A
Nolo perdere,

Dm   C   B♭   A   Dm   C
Video flagare, video flagare, video flagare

B♭   A
Omnia res

Dm   C   B♭   A   Dm   C
Audio clamare, audio clamare, audio clamare

A7   Dm
Homines.

Verse 2

Dm   Gm A
Nune extinguitur

Gm   A   Dm
Mund(i) et astrorum lumen

Dm   Gm A
Nune concipitur

Gm   A   Dm
Mali hominis crimen.

Chorus 1

```
C   G C  G C   G  C
```
Tris - ti - tate et lac - ri - mis

```
B♭        Dm
```
Gravis est dolor

```
C G   C   G   C   G  C
```
De ter - rae que ma - ri - bus

```
E7        Am
```
Magnus est clamor

```
  C   G  C  G C    G  C
```
O Ca - ri - tas, O Ca - ri - tas,

```
B♭                A    │ A Gm C B♭ Dm
```
Nobis sempur sit amo

```
A              Dm Gm C B♭ Dm
```
Nos perituri mortem salutamus (ah ha)

```
A   A7    Dm      │ Dm     │ C      │ C Dm  ‖
```
Sola resurgit vita.

Link   As Verse 1 (instrumental)

Verse 3   As Verse 2

Chorus 2   As Chorus 1

Verse 4

```
Dm      C                A
```
Ah, this world is burning fast

```
Dm              C   A
```
Oh, this world will never last,

```
Dm          C    B♭           A
```
I don't want to lose it, I don't want to lose it,

```
Dm          C    B♭      A
```
I don't want to lose it, here in my time.

```
Dm            C   B♭                    A7
```
Give me time for - ever, give me time for - ever,

```
Dm            C
```
Give me time for - ever

```
    B♭          Dm    A7│ Dm A7│ Dm Dm (♯7) │ Dm7 ‖
```
here in my time.

Oh Very Young

Words & Music by
Cat Stevens

G   C   D   G7   A   Gsus2

Capo second fret

Intro | G | G | G | G | G | G | G   ‖

Verse 1   Oh very young,
        C   **D**   **Em** **C** **D**
What will you leave us this time?
                                   G
You're only dancing on this earth
             C
For a short while.

And though your dreams may toss
      D
And turn you now,

           G   **C**
Chorus 2   They will vanish away
             G
Like your Daddy's best jeans,
     C   **G**   **C**
Denim blue fading up to the sky
              G
And though you want him to last
     G7 **C**   **A** **D**
For - ever, you know he ne - ver will, (You know he never will)
D
And the patches,
            D7   **G** | D | G D | G   ‖
Make the good - bye harder still.

© Copyright 1974 Cat Music Limited.
All Rights Reserved. International Copyright Secured.

254

Verse 2

G
Oh very young,

C   **D**   **Em C D**
What will you leave us this time?

                G
There'll never be a better chance

          C
To change your mind.

C
And if you want this world

  D
To see (a better day)

        G
Will you car - ry

      C   **G**
The words of love with you?

         C
Will you ride

         G   **C**
The great white bird into Heaven?

         G
And though you want to last

    G7 **C**   **A** **D**
For - ever, you know you ne - ver will

(D)
(You know you never will)

D7
And the goodbye

                       A | **D** | **G D** | **G** ‖
Makes the journey harder still.

Interlude | **C D** | **Em C D** | **G** | **C** |

                   | **C D** | **D**   ‖

Bridge

G   C
Will you car - ry

   G
The words of love with you?

C   G | C | G⁷ | C A D |
Will you ride⎯⎯⎯ Ah⎯⎯⎯

(D) | **(D)** | **D⁷** | **G** | **D** | **G D** | **G** |

Verse 3

       C
Oh very young,

      D   Em C D
 What will you leave us this time?

D   G
You're only dancing on this earth

     C
For a short while.

(C)
Oh very young,

      D   G | Gsus² G ‖
What will you leave us this time?

On The Road To Find Out

Words & Music by
Cat Stevens

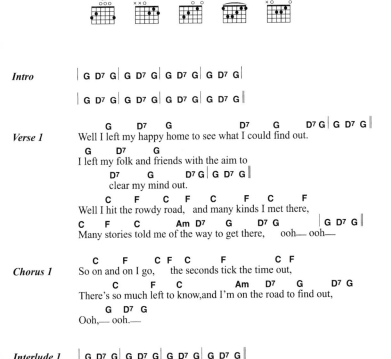

Intro

| G D⁷ G| G D⁷ G| G D⁷ G| G D⁷ G|

| G D⁷ G| G D⁷ G| G D⁷ G| G D⁷ G‖

Verse 1

     G   D⁷   G   D⁷   G   D⁷ G| G D⁷ G‖
Well I left my happy home to see what I could find out.

    G   D⁷   G
I left my folk and friends with the aim to

       D⁷   G   D⁷ G| G D⁷ G‖
      clear my mind out.

    C   F   C   F   C   F   C   F
Well I hit the rowdy road,   and many kinds I met there,

C   F   C   Am D⁷   G   D⁷ G | G D⁷ G‖
Many stories told me of the way to get there,   ooh— ooh—

Chorus 1

     C   F   C F C   F   C F
So on and on I go,   the seconds tick the time out,

          C   F   C   Am   D⁷   G   D⁷ G
There's so much left to know,and I'm on the road to find out,

    G   D⁷   G
Ooh,— ooh.—

Interlude 1

| G D⁷ G| G D⁷ G| G D⁷ G| G D⁷ G‖

Verse 2

```
G      D7      G
In the end I'll know,
                    D7     G           D7 G      D7 G
          but on the way I won - der, na, na, na, na, na, na
                    D7     G                    D7
          Through des - cending snow, and through the frost and thun - der,       G
```

cont.

```
          D7 G       D7 G
          na, na, na, na, na, na
                    C       F       C           F
          Well, I listen to the wind come howl,
          C           F       C       F
          Telling me I have to hurry.
          C       F       C           Am      D7      G      D7 G           D7 G
          I listen to the robin's song, saying not to worry,      Ooh,— ooh
```

Chorus 2

```
          C       F       C F  C          F           C  F
          So on and on I go,    the seconds tick the time out,
                    C       F       C           Am      D7      G      D7 G
          There's so much left to know, and I'm on the road to find out,
                    G   D7  G
          Ooh—,ooh
```

Interlude 2

```
| G D7 G| G D7 G| G D7 G| G D7 G|

| G D7 G| G D7 G| G D7 G| G D7 G‖
```

Verse 3

```
                    G               D7      G
          Then I found my - self a - lone,
                            D7              G   D7 G| G D7 G‖
          hoping some - one would miss me.
                    D7      G
          Thinking a - bout my home,
                            D7          G   D7 G| G D7 G‖
          and the last woman to kiss me,
                    C       F       C  F       C       F           C  F
          Well, some - times you have to moan,    when nothing seems to suit you,
          C       F       C           Am      D7      G  D7      G
          But neverthe - less you know you're locked towards the future,
                    G  D7  G
          Ooh,— ooh
```

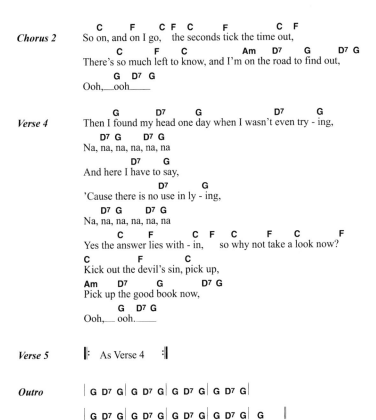

Chorus 2

   C   F C F C   F   C F
So on, and on I go, the seconds tick the time out,

     C   F C   Am D7   G   D7 G
There's so much left to know, and I'm on the road to find out,

    G D7 G
Ooh,___ooh____

Verse 4

     G   D7   G   D7   G
Then I found my head one day when I wasn't even try - ing,

    D7 G   D7 G
Na, na, na, na, na, na

        D7   G
And here I have to say,

        D7   G
'Cause there is no use in ly - ing,

    D7 G   D7 G
Na, na, na, na, na, na

       C   F   C F C   F   C   F
Yes the answer lies with - in, so why not take a look now?

C   F   C
Kick out the devil's sin, pick up,

Am   D7   G   D7 G
Pick up the good book now,

     G D7 G
Ooh,___ ooh.____

Verse 5 ||: As Verse 4 :||

Outro | G D7 G | G D7 G | G D7 G | G D7 G |

     | G D7 G | G D7 G | G D7 G | G D7 G | G ||

259

One Day At A Time

Words & Music by
Yusuf Islam

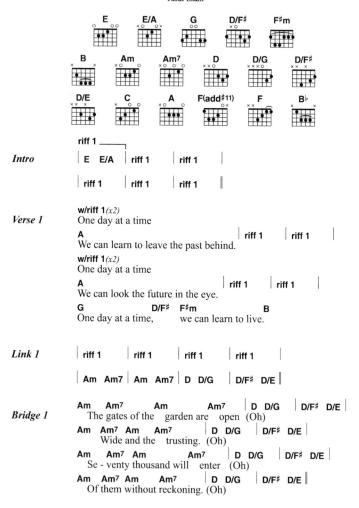

E   E/A   G   D/F♯   F♯m

B   Am   Am⁷   D   D/G   D/F♯

D/E   C   A   F(add♯11)   F   B♭

riff 1 ⎤

Intro | E   E/A | riff 1 | riff 1 |

         | riff 1 | riff 1 | riff 1 ‖

Verse 1

w/riff 1 *(x2)*
One day at a time

A | riff 1 | riff 1 |
We can learn to leave the past behind.

w/riff 1 *(x2)*
One day at a time

A | riff 1 | riff 1 |
We can look the future in the eye.

G   D/F♯   F♯m   B
One day at a time,   we can learn to live.

Link 1 | riff 1 | riff 1 | riff 1 | riff 1 |

         | Am   Am⁷ | Am   Am⁷ | D   D/G | D/F♯   D/E ‖

Bridge 1

Am   Am⁷   Am   Am⁷ | D   D/G | D/F♯   D/E |
   The gates of the   garden are   open (Oh)

Am   Am⁷   Am   Am⁷ | D   D/G | D/F♯   D/E |
     Wide and the   trusting. (Oh)

Am   Am⁷   Am   Am⁷ | D   D/G | D/F♯   D/E |
   Se - venty thousand will   enter (Oh)

Am   Am⁷   Am   Am⁷ | D   D/G | D/F♯   D/E ‖
    Of them without reckoning. (Oh)

Verse 2

w/riff 1 *(x2)*
One day at a time
A | riff 1 | riff 1 |
We can learn to leave our fears behind.

w/riff 1 *(x2)*
One day at a time
A | riff 1 | riff 1 |
We can stare our hopes in the eye.

G   D/F♯   F♯m   B
One day at a time,   we can learn to live.

Link 2

| riff 1 | riff 1   ‖: C | A   :‖ *Play 3 times*
                                  Oh.
| F(add♯11) | F(add♯11) | Am   Am7 |

| Am   Am7 | D   D/G | D/F♯   D/E ‖

Bridge 2

Am   Am7   Am   Am7 | D   D/G | D/F♯   D/E |
   And   if you meet the   evening

Am   Am7   Am   Am7 | D   D/G | D/F♯   D/E ‖
   Don't   wait for the   sun to rise.

Link 3

| riff 1 | riff 1 | riff 1 | riff 1   ‖

Verse 3

w/riff 1 *(x2)*
One day at a time
A | riff 1 | riff 1 |
We can leave all treasures behind.

w/riff 1 *(x2)*
One day at a time
A   Am | riff 1 | riff 1   ‖
We can watch the clocks unwind.

Verse 4

C   A   F   C
One day at a time   a child is born

   G   A   F
Into   this world,   eyes blind.

C   G   A   B♭
  One day he will find his sight

F   C   G
  And glimpse an - other kind of light

A   F   C   G
  To live by.   One day.

261

Link 4 | riff 1 | riff 1 | riff 1 | riff 1 ‖

w/riff 1 *(x2)*
Verse 5 One day at a time

A | riff 1 | riff 1 |
We can put machines behind.

w/riff 1 *(x2)*
One day at a time

A Am | riff 1 | riff 1 ‖
We can learn how birds survive.

G D/F♯ F♯m B
One day at a time,   we can learn to fly.

Outro | riff 1 | riff 1 | C | A |

| C | A | riff 1 | riff 1 | ⌢
E ‖

Portobello Road

Words & Music by
Cat Stevens & Kim Fowley

Intro | C | C | C G C | C ‖

Verse 1

C   G   C
Getting hung up all day on smiles

C   G   C
Walking down Portobello road for miles

C   F   G
Greeting strangers in Indian boots,

Dm
Yellow ties and old brown suits

Am   G
Growing old is my only danger

C   F   G   C
Cuckoo clocks, and plastic socks

C   F   G   C
Lampshades of old antique leather

C   F   G   C   Am
Nothing looks weird, not even a beard

F   G
Or the boots made out of feathers

Chorus 1

F   C
I'll keep walking miles

     F   C
'til I feel a broom beneath my feet

F   C   G
Or the hawking eyes of an old stuffed bull across the street

Verse 2

                        F   G   C
Nothing's the same if you see it again

            F   G   C
It'll be broken down to litter

              F   G   C   Am
Oh, and the clothes everyone knows

F   G
That dress will never fit her

Instr.

| C F | G C | C F | G C |

| C F | G C | Am F | G | G C |

(Repeat verses)

(C)   F   G   C
Getting hung up all day on smiles

C   F   G   C
Walking down Portobello road for miles

C   F   G
Greeting strangers in Indian boots,

Dm   G
Yellow ties and old brown suits

Am   G
Growing old is my only danger

C   F   G   C
Cuckoo clocks, and plastic socks

C   F G   C
Lampshades of old antique leather

C   F   G   C   Am
Nothing looks weird, not even a beard

F   G
Or the boots made out of feathers

264

Chorus 2

F   C
I'll keep walking miles

      F   C
'til I feel a broom beneath my feet

F   C   G
Or the hawking eyes of an old stuffed bull across the street

Verse 3

          F   G   C
Nothing's the same if you see it again

     F   G   C
It'll be broken down to litter

        F   G   C   Am
Oh, and the clothes everyone knows

F   G
That dress will never fit her

C   F   G   C
Getting hung up all day on smiles

C   F   G   C
Walking down Portobello road for miles

C   F   G
Greeting strangers in Indian boots,

Dm   G
Yellow ties and old brown suits

Am   G
Growing old is my only danger

Outro | C G C | C G C | C ‖

100 I Dream

Words & Music by
Cat Stevens

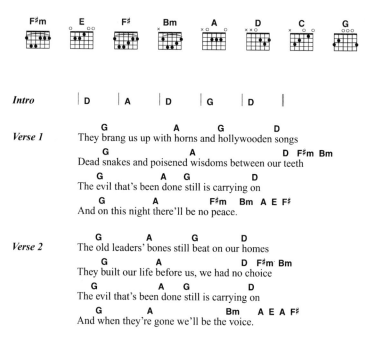

F#m   E   F#   Bm   A   D   C   G

Intro | D | A | D | G | D ||

Verse 1

        G   A   G   D
They brang us up with horns and hollywooden songs
        G   A   D   F#m   Bm
Dead snakes and poisened wisdoms between our teeth
       G   A   G   D
The evil that's been done still is carrying on
        G   A   F#m   Bm   A   E   F#
And on this night there'll be no peace.

Verse 2

        G   A   G   D
The old leaders' bones still beat on our homes
        G   A   D   F#m   Bm
They built our life before us, we had no choice
      G   A   G   D
The evil that's been done still is carrying on
       G   A   Bm   A   E   A   F#
And when they're gone we'll be the voice.

Verse 3

G   A   G   D
Blue bird on a rock, slow wind blowing soft

G   A   D   F♯m Bm
A - cross the bare face of the sleep - ing   lake

G   A   G   D
Rise up and be free, voice whispered to me

G   A   F♯m Bm
And in this way you will awake.

Verse 4

G   A   G D
Go climb up on a hill, stand perfectly still

G   A   D   F♯m Bm
And silently soak up the day

G   A   G   D
Don't rush and don't roam, don't feel so alone

G   A   Bm A E A E F♯
And in this way you will a - wake

G   A   D F♯m Bm
And in this way you will a - wake

G   A   E
And in this way you will awake.

Middle 8

C   G   D   E
Pick up the pieces and see be - fore you

C   G   D E
Don't let your weekness des - troy you

C   G   D   E
You know wher - ever you go the world will follow

C   G   D   A
So let your reasons be true to you.

Verse 5

       G   D   G   A
Stay close to your friends up until the end

       G   A   D F♯m Bm
And when they know that you feel the same way

       G   A   G   D
Rise up and be free and die happi - ly

      G   F♯m Bm F♯m   Bm A E A E F♯
And in this way you will awake

      G   A D F♯m Bm
And in this way you will awake

      G   A   E
And in this way you will a - wake.

Outro | E | E | E | Bm A | E   ‖

Peace Train

Words & Music by
Cat Stevens

[Chord diagrams: C, F, Am, G, G7, Em]

Intro N.C.| F | F | F G | Am | F G | F |

Verse 1
          C   G   C   F   C   F
Now I've been happy lately, thinking about the good things to come,
F G   Am   F   G   F
And I believe it could be, something good has begun.
       C   G   C   F   C   F
Oh I've been smiling lately, dreaming about the world as one,
       G Am   F   G   F
And I believe it could be, some day it's going to come.

Verse 2
          C   G   C   F   C   F
'Cause out on the edge of darkness, there rides a Peace Train,
            G   Am   F   G   F
Oh Peace Train take this country, come take me home again.
       C   G C   F   C   F
Now I've been smil - ing lately, thinking about the good things to come,
     G7 Am   F   G   F
And I believe it could be, something good has begun.

Chorus 1
          C
Oh peace train sounding louder,
F   C   F   G Am
Ride on the Peace Train oh— oh—
F   G   F
Come on the Peace Train

          C
Yes, Peace Train holy roller,
F   C   F   G Am
Everyone get up on the Peace Train oh— oh—
F   G   F
Come on now Peace Train.

Verse 3

```
        C       G   C       F   C               F
Get your bags together, gonna bring your good friends too
          G   Am      F     G    F
Because it's getting nearer, it soon will be... with you

          C     G   C       F   C            F
And come and join the living, it's not so far from you
          G   Am   F     G    F
And it's getting nearer, soon it will all be true.
```

Chorus 2

```
                 C
Oh Peace Train sounding louder,
F       C          F        G  Am
Ride on the Peace Train oh__ oh__
F       G          F
Come on the Peace Train.
```

| C | C | F C F | F G | Am | F G | F ‖

Verse 4

```
C         G    C          F          C            F
Now I've been trying lately, thinking about the world as it is,
          G   Am       F       G  G  F
Why must we go on hating, why can't we live in bliss?
        C   G    C        F        C          F
'Cause out on the edge of darkness, there rides a Peace Train,
          G  Am        F       G        F
Oh Peace Train take this country, come take me home again.
```

270

Chorus 3
         C
Oh Peace Train sounding louder,

F   **C**   **F**   **G Am**
Ride on the Peace Train oh— oh—

F   **G**   **F**
Come on the Peace Train.

       C
Yes, Peace Train holy roller,

F   **C**   **F**   **G Am**
Everyone get up on the Peace Train oh— oh—

F   **G**   **F**
Come on, come on, come on,

G   **Am**
Come on, Peace Train,

F   **G**   **C** | **F C F** | **F G** | **Am** ‖
  Is this the Peace Train?

F   **G**   **F**   **C** | **F C F** ‖
Come on the Peace Train, the Peace Train.

Outro
  | **F G** | **Am** | **F G** | **Am** ‖

‖: **F** | **F** | **F** | **F**   :‖ *Repeat ad lib.*

| **C** | **C** | **G** | **F** |

‖: **C** | **Am** | **Em** | **F G** :‖ *Repeat to fade*

271

Pop Star

Words & Music by
Cat Stevens

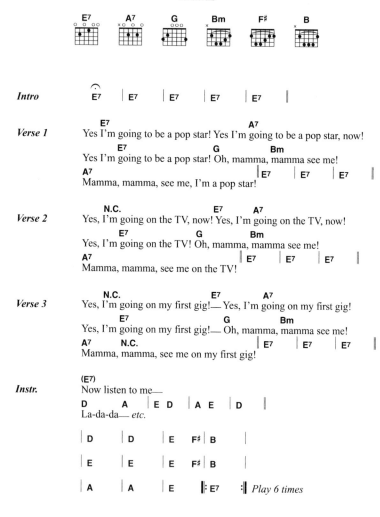

Intro
    E7 | E7 | E7 | E7 | E7 ‖

Verse 1

        E7   A7
Yes I'm going to be a pop star! Yes I'm going to be a pop star, now!
        E7   G   Bm
Yes I'm going to be a pop star! Oh, mamma, mamma see me!
A7   ‖ E7 | E7 | E7 ‖
Mamma, mamma, see me, I'm a pop star!

Verse 2

        N.C.   E7   A7
Yes, I'm going on the TV, now! Yes, I'm going on the TV, now!
        E7   G   Bm
Yes, I'm going on the TV! Oh, mamma, mamma see me!
A7   ‖ E7 | E7 | E7 ‖
Mamma, mamma, see me on the TV!

Verse 3

        N.C.   E7   A7
Yes, I'm going on my first gig!— Yes, I'm going on my first gig!
        E7   G   Bm
Yes, I'm going on my first gig!— Oh, mamma, mamma see me!
A7   N.C.   ‖ E7 | E7 | E7 ‖
Mamma, mamma, see me on my first gig!

Instr.

(E7)
Now listen to me—
D   A | E D | A E | D   ‖
La-da-da— *etc.*

| D | D | E F♯| B | |

| E | E | E F♯| B | |

| A | A | E | ‖: E7 :‖ *Play 6 times*

Verse 4　　　　　　　**E7**
　　　　　　　Oh, well, I'm going to the cold bank, cold bank!

　　　　　　　A7
　　　　　　　Yes I'm going to the cold bank now!

　　　　　　　E7
　　　　　　　Yes I'm going to the cold bank!

　　　　　　　G　　　　**Bm**
　　　　　　　Oh, mamma, mamma see me!
　　　　　　　A7　　　　　　　　　　　　　　　　‖ **E7** │ **E7** │ **E7** │ **E7** ‖
　　　　　　　Mamma, mamma, see me at the cold bank!

Instr.　　　　　**(E7)**
　　　　　　　Mamma see me
　　　　　　　D　　　　**A**　　│ **E** **D** │ **A** **E** │ **D** 　‖
　　　　　　　La-da-da— *etc.*

　　　　　　　│ **D** 　　│ **D** 　　│ **E** 　**F♯** │ **B** 　　│

　　　　　　　│ **E** 　　│ **E** 　　│ **E** 　**F♯** │ **B** 　　│

　　　　　　　│ **A** 　　│ **A** 　　‖: **E7** 　 :‖ *Play 8 times*

Verse 5　　　**(E7)**　　　**N.C.**　　　　　　　　　　　　　　**E7**
　　　　　　　Well, I'm coming, coming, coming home now!

　　　　　　　A7
　　　　　　　Yes, I'm coming, coming, coming home now!

　　　　　　　E7
　　　　　　　Yes, I'm coming, coming, coming home now!

　　　　　　　G　　　　**Bm**　　　　　**A7**　　　　　　　　　　**E**
　　　　　　　Oh, mamma!　Mamma see me! Mamma, mamma see me, I'm home!

273

Randy

Words & Music by
Cat Stevens

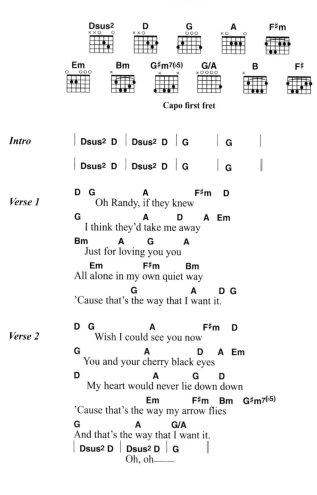

Capo first fret

Intro

| Dsus² D | Dsus² D | G | | G | |

| Dsus² D | Dsus² D | G | | G | |

Verse 1

D G   A   F♯m D
 Oh Randy, if they knew

G   A   D A Em
 I think they'd take me away

Bm A G A
 Just for loving you you

  Em   F♯m Bm
All alone in my own quiet way

     G   A D G
'Cause that's the way that I want it.

Verse 2

D G   A   F♯m D
 Wish I could see you now

G   A   D A Em
 You and your cherry black eyes

D   A   G D
 My heart would never lie down down

    Em F♯m Bm G♯m7(♭5)
'Cause that's the way my arrow flies

G   A G/A
And that's the way that I want it.

| Dsus² D | Dsus² D | G | |
 Oh, oh——

Verse 3

B   F#
   You never said it would rain

B   E   F#
   You only told me that the sun would come again

B   G
You never said it would rain

   A   F#m D
Oh Randy if you did

G   A   D   A   Em
   It wouldn't mean a thing

Bm   A   G   A
   It wouldn't hurt me a bit

           Em   F#m   Bm G#m7(b5)
'Cause only you can break my wings

          G   A   A
And that's the way that I want it.

Instr.

| G A | F#m D | G A | D A Em | Bm A | G D |

| Em F#m | Bm G#m7(b5) | Em7 | Em7 | D ‖

Verse 4

B   F#
   You drew my face in the sand

B   E   F#   B
   And ever since that day you made me what I am

                  G
You drew my face in the sand

   A   F#m D
Oh Randy if I could

G   A   D   A   Em
   There's nothing I wouldn't give

Bm   A   G   D
   To live with you for good

            Em F#m   Bm   G#m7(b5)
'Cause that's the way I'd like to live

          G   A
And that's the way that I want it.

Chorus

Dsus2 D   Dsus2 D   G
Randy—— oh—— my Randy

Dsus2 D   Dsus2 D   G
Randy—— oh—— my Randy

Dsus2 D   Dsus2 D   G
Randy—— oh—— my Randy.

      Em   A   G | D
Mmm oh—— oh—— Mmm——

Ready

Words & Music by
Cat Stevens

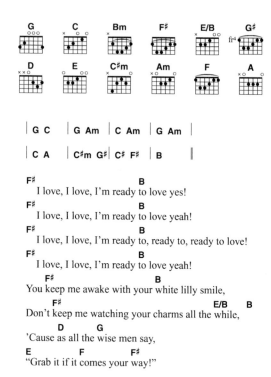

Intro | G C | G Am | C Am | G Am |

| C A | C#m G#| C# F# | B ‖

Verse 1

F#   B
I love, I love, I'm ready to love yes!

F#   B
I love, I love, I'm ready to love yeah!

F#   B
I love, I love, I'm ready to, ready to, ready to love!

F#   B
I love, I love, I'm ready to love yeah!

        F#   B
You keep me awake with your white lilly smile,

            F#   E/B   B
Don't keep me watching your charms all the while,

            D   G
'Cause as all the wise men say,

E   F   F#
"Grab it if it comes your way!"

Verse 2

        B **F♯**   **B**
I'm ready, oh,— I love, I love, I'm ready to love yeah!

F♯ | **B**
           Ready to love!

F♯   **B**
I love, I love, I'm ready to love yeah!

C♯m7   **F♯**   **B**   **G♯m**
  You make me feel things I've never felt be - fore,

C♯m7   **F♯**   **B**   **E**
  Help my baby eyes and open up the door,

C♯m   **F♯7**   **B**
  You make me real to every - one

     F♯m **G♯** **C♯m**   **G♯**
And every day I— I thank the Lord that you came along— this way!

        E   **A**   **E F** **F♯**
It's no more an il - lusion that I can say.—

Verse 3

F♯   **B**
I love, I love, I'm ready to love yeah!

F♯   **B**
I love, I love, I'm ready to love yes!

Instr.

| **G C** | **G Am** | **C Am** | **G Am** |

| **C A** | **C♯m G♯** | **E7 A** | **E F F♯** ‖

Verse 4

F♯   **B**
I love, I love, I'm ready, ready, ready, ready to love!

F♯   **B**
I love, I love, I'm ready to love, oh!

Outro

   F♯   **B**
‖: I love, I love, I'm ready, ready, to love. ready to love!

F♯   **B**
I love, I love, I'm ready. ready to love! :‖ *Repeat to fade*

(Remember The Days Of The)
Old Schoolyard

Words & Music by
Cat Stevens

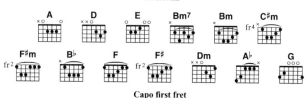

Capo first fret

Intro | A | D E | A |

| D E | A | D E ‖

| A E ‖

Verse 1

    A   D   E   A   D   E
Remem - ber the days of the old school - yard we used to laugh a lot?

    A   D   E   F♯
Oh, don't you re - member the days of the old school - yard?

        Bm   E
When we had im - aginings,

           C♯m   F♯m
And we had all kinds of things,

        Bm   E
And we laughed, and needed love,

      F♯m   D   E   A
Yes, I do! Oh and I re - member you!

Verse 1

                 D   E   A   D   E
Remem - ber the days of the old school - yard,we used to cry a lot?

    A   D   E   F♯
Oh, don't you re - member the days of the old school - yard?

        Bm   E   C♯m   F♯m
When we had sim - plicity, and we had warm toast for tea,

        Bm   E
And we laughed, and needed love,

      F♯m   D   E   A
Yes, I do! Oh and I re - member you!

Break

| A D | E A | A D | E A |

| A D | E A♭ | A♭ ‖

Middle

B♭   F   A
(You were my sweet love——) My first sweet love!

       Dm   F   B♭
(——My lovey dove——) My love, lovey dove!

           F   A
(——No matter what place——) Whichever the place!

       Dm   F   B♭
(—— still see your face——) Your smiling face!

         F   A
(——In childish dreams——) Inside my dreams!

       Dm   F   B♭
(——Like King and Queen——) God save our dreams!

          F   A
(——Though time may fade——) Though time may fade,

       Dm   F G
(——It ain't never too late——) to learn a - bout love,

G   A
Learn about love!

Interlude

| A D | E A | A D | E A ‖

Verse 3

A   D   E   A   D E
Remem - ber the days of the old school - yard we used to laugh a lot?

 A   D   E   F♯
Oh, don't you re - member the days of the old school - yard?

      Bm   E
When we had im - aginings,

       C♯m   F♯m
And we had all kinds of things,

     Bm   E
And we laughed, and needed love,

   F♯m   D E   A
Yes, I do! Oh, and I re - member you!

Outro

| A D | E A | A D | E A |

| A D | E A | A D | E A |

| A E | A E | A ‖

Rubylove

Words & Music by
Cat Stevens

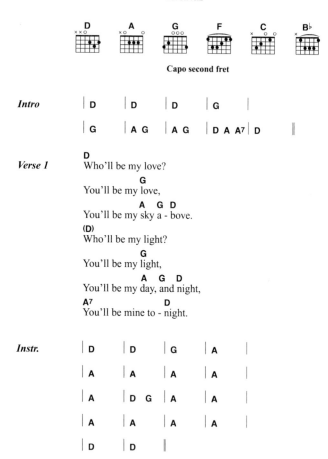

Capo second fret

Intro | D | D | D | G |

| G | A G | A G | D A A⁷ | D   ‖

Verse 1

D
Who'll be my love?

G
You'll be my love,

A   G D
You'll be my sky a - bove.

(D)
Who'll be my light?

G
You'll be my light,

A   G   D
You'll be my day, and night,

A⁷   **D**
You'll be mine to - night.

Instr. | D | D | G | A |

| A | A | A | A |

| A | D G | A | A |

| A | A | A | A |

| D | D   ‖

Verse 1

           D
Ru - by glei - kia,

     G
El - la xa - na,

(G)
El - la xa - na

A   **G D**
Kon - ta mou,

D
El - la prour - ee,

      G
Me tin av - yee,

(G)
E - si soun san

A   **G**
I - liouah - ti - tha,

D   **A7**   **D**
Ruby mou mi - kri.

Instr. 2

F	F	F	B♭
B♭	B♭	C B♭ F | C
F	F	F	B♭
B♭	C B♭ F | C	F
A	D	G	A
A	D	A	A
N.C.	D	D

Verse 3   As Verse 1

Outro

F	F	F	B♭
B♭	B♭	C B♭ F | C
F	F

Ruins

Words & Music by
Cat Stevens

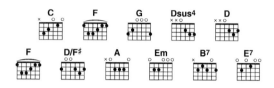

C	F	G	Dsus4	D	
F	D/F♯	A	Em	B7	E7

Intro ‖: D/F♯ | G :‖ *Play 6 times*

Verse 1

D/F♯   G D/F♯   G
 It's so quiet in the ruins,   walking through the old town,

D/F♯   G   D/F♯   G
 Stones crumbling under my feet, I see smoke for miles around.

D/F♯   G   D/F♯   G
 Oh, it's enough to make you weep,   all that remains of the main street.

D/F♯   G   D/F♯   G
 Up in the park on Sunday,   dogs chasing, and the children played.

F   C   F   C   A
 Old man with his head down,   can't see nothing more a - round— no!

Bridge

D/F♯ G   D/F♯
 But he remembers how it used to be,

G
Back in the old days,

Chorus 1

D   G   Em
 So nice to see you coming back in this town a - gain,

                                   C   G
It's nice to see a friendly face come peeping through,

                  A
Having tea in the afternoon,

D   G
 So nice to see you coming back

                                   Em | C | G A | A   ‖
 in this town a - gain.

Link 1 **𝄆 D/F♯ | G 𝄇** *Play 3 times*

Verse 2

D/F♯   **G   D/F♯**   **G**
    Ah, but it's all changed,   Winter turned on Man,

D/F♯   **G   D/F♯**
    Came down one day when no one was looking,

            D/F♯   **G**
        and it stole away the land.

D/F♯   **G**   **D/F♯**
    People running scared, losing hands,   dodging shadows

          G
        of falling sand.

D/F♯   **G**
    Buildings standing like   empty shells,

           D/F♯   **G**
        and no - body helping no - one else.

F   **C**
    Young child with his hands high,

F   **C**   **A**
    Ain't able to see no reason why— no!

Bridge

D/F♯ G   **D/F♯ G**
     But he remembers how it used to be,

Chorus

D   **G**   **Em**
    So nice to see you coming back in this town again,

               C   **G**
  It's nice to see a friendly face come peeping through,

         A
  You better know what you're going through, now!

Verse 4

(A)   **B⁷**   **D**
You came back to find your home is a black horizon

E⁷   **A**   **B⁷**
That you don't recognise, evil destruction has taken everything.

D   **E⁷**   **A**
You'd better walk on the side, while you're still walking,

       B⁷   **D**
Just keep on walking on down the street,

       E⁷   **A**
Keep your distance from the people you meet,

           B⁷   **D**
Oh Lord, and you'd better watch your eyes,'cause if smoke gets in them,

  E⁷
Baby, you won't rise again!

Dsus⁴   **G**   **Em** │ **C** │ **G A** │ **A** ‖
So nice to see you coming back in this town a - gain!

Link 2

│ **D/F♯**   │ **G**   ‖ *Play 4 times*

Verse 5

D/F♯   **G**   **D/F♯**
Where's it leading to?

         G
Freedom at what cost?

D/F♯   **G**   **D/F♯**   **G**
People needing more and more, and it's all getting lost.

D/F♯   **G** **D/F♯**   **G**
I want back!   I want back!

D/F♯
Back to the times when the Earth was green,

       D/F♯   **G**
There was no high walls, and the sea was clean!

F   **C**   **F**   **C**   **A**   **D/F♯ G D**
Don't stop that sun to shine, it's not yours or mine— no!

Sun/C79

Words & Music by
Cat Stevens

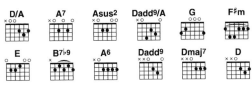

Intro | **A⁷** | **D/A** | **A⁷** | **D/A** |

| **Asus²** | **Dadd⁹/A** ‖

Verse 1

A⁷　　　**Dadd⁹/A**
Sun is the reason,

　　A⁷　　　　　　**Dadd⁹/A**
And the world it will bloom,

G　　　　　　**F♯m**
'Cause sun lights the sky

　　　E　　　　　**D**
And the sun lights the moon.

A⁷　　　**D**
Sun is the reason,

　　A⁷　　　　　　**Dadd⁹**
All the happy trees are green,

G　　　　　**F♯m**
But who can ex - plain

　　　E　　　　**Dmaj⁷**
The light in your dream.

Instr. 1 | **A⁷ D/A** | **A⁷ D/A** | **A⁷ D/A** | **A⁷ D/A** |

| **E** | **Dadd⁹** | **E** | **Dadd⁹** |

| **A** ‖

Verse 2

E
Sit you down,

                D
Sit you down young gentlemen,

E   **D**
There's something I want you to know,

E
You keep on asking me,

        D
You keep on asking me why,

Why are we here?

E   **D**
It started a long time ago

Chorus 1

         A   **B7♭9**
Me and your Mum on the night,

           D
Yeah, yeah, yeah—we met.

E   **A6**   **D**
I was on the road again,

E   **A6**   **D**
She was in C seventy nine,

E   **A6**   **D**
I'll never, never forget,

      E   **A6**   **E** | **Dadd9** | **E** | **Dadd9** ‖
I'll never forget that night, no—

Verse 3

E
We met in a back row

   D
Be - hind the stage,

E   **D**
She had the best figure by far,

   E   **D**
Oh, a thousand hours I've looked at her eyes

E   **D**
But I still don't know what colour they are,

Chorus 2

               A   B7♭9
Me and your mum on the night

                          D
Yeah, yeah, yeah, we met

E   A   D
I was on the road again,

E   A6   D
She was in C seventy nine

E   A6   D
She was a junkie then

      E   A6   D
And I was having a good time,

E   A6
Back on the road again.

Instr. 2 | E | Dadd9 | E | Dadd9 ‖

Chorus 3

                D E   A6
Oh Momma,   I was on the road a - gain,

D   E   A6   D
     Back at C seventy nine,

E   A6   D
I'll never, nev - er forget,

         E   A6   D
I'll nev - er forget that time

E   A6
Back on the road again,

D   E   A6   D
  I'm tra - velling that line,

E   A6   D
I was a pop star then

      E   A6   E
I'm still having a good time.

Outro | E | Dadd9 | E | Dadd9 |

          | E | Dadd9 | E | Dadd9 |

          | E | Dadd9 | E | Dadd9 | E   ‖

Sad Lisa

Words & Music by
Cat Stevens

Em   **D**   **C**   **A**   **G**   **B**

Intro   ‖: Em │ Em │ Em │ Em :‖ *Play twice*

Verse 1

    Em   D   C
She hangs her head and cries in my shirt,

    D   Em   D   G
She must be hurt very bad - ly,

                           D   Em   A
Tell me what's mak - ing you sad - ly?

Em   A   D   C
Open your door, don't hide in the dark,

        D   Em
You're lost in the dark

           D   G
You can trust me,

                    D   Em   A
'Cause you know that's how it must be,

Em   A   B   Em
Lisa, Li - sa, sad Lisa, Li - sa.

Interlude 1 │ Em │ Em │ Em │ Em │

Verse 2

       Em   D   C
Her eyes like windows, tricklin' rain

      D   Em   D   G
Up - on the pain, getting deep - er,

                      D   Em A
Though my love wants to re - lieve her.

       Em   A   D   C
She walks along from wall to wall,

cont.

    D   Em   D   G
Lost in her hall— she can't hear me,

                      D   Em A
Though I know she likes to be near me,

Em   A   B   Em
Lisa, Li - sa, sad Lisa, Li - sa.

Interlude 2 | Em | Em | Em | Em |

Instr. | Em | Em D | C | D Em |

             | D G | G | G D | Em A |

             | A | Em A | D C | C |

             | D Em | D G | G | G D |

             | Em A | A | A | A |

             | A | Em A | B |

Interlude 3 | Em | Em | Em | Em |

Verse 4

        Em   D   C
She sits in a corner by the door.

        D   Em   D   G
There must be more I can tell her.

                D   Em A
If she really wants me to help her,

       Em   A   D   C
I'll do what I can to show her the way,

        D   Em   D   G
And maybe one day I will free her,

                D   Em A
'Though I know no one can see her,

Em   A   B   Em | Em | A | B | Em   ‖
Lisa, Li - sa, sad Lisa, Li - sa,

Outro | Em | Em | Em | Em   ‖

School Is Out

Words & Music by
Cat Stevens

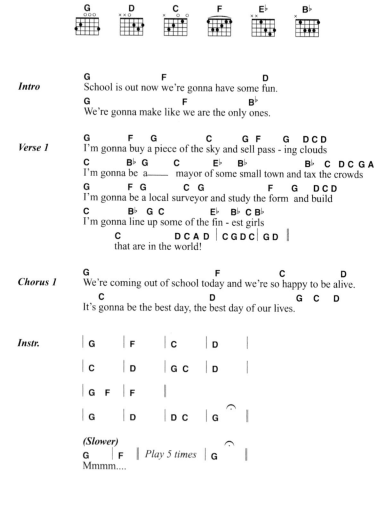

Intro

    G   F   D
School is out now we're gonna have some fun.
    G   F   B♭
We're gonna make like we are the only ones.

Verse 1

G   F   G   C   G F   G D C D
I'm gonna buy a piece of the sky and sell pass - ing clouds
C   B♭ G   C   E♭   B♭   B♭ C D C G A
I'm gonna be a——— mayor of some small town and tax the crowds
G   F G   C G   F   G   D C D
I'm gonna be a local surveyor and study the form and build
C   B♭ G C   E♭ B♭ C B♭
I'm gonna line up some of the fin - est girls
            C   D C A D | C G D C | G D ‖
        that are in the world!

Chorus 1

    G   F   C   D
We're coming out of school today and we're so happy to be alive.
    C   D   G C D
It's gonna be the best day, the best day of our lives.

Instr.

| G | F | C | D | |
| C | D | G C | D | |
| G F | F ‖
| G | D | D C | G ⌢ ‖

(Slower)
G | F ‖ *Play 5 times* | G ⌢ ‖
Mmmm....

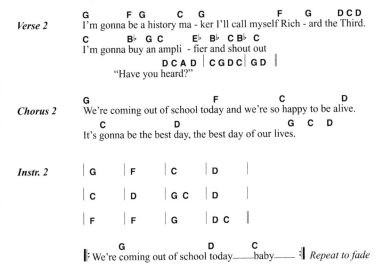

Verse 2

    G   **F G**   **C**   **G**   **F**   **G**   **D C D**

I'm gonna be a history ma - ker I'll call myself Rich - ard the Third.

    C   **B♭** **G C**   **E♭** **B♭** **C B♭** **C**

I'm gonna buy an ampli - fier and shout out

                      D C A D ∣ **C G D C**∣ **G D** ‖

        "Have you heard?"

Chorus 2

    G   **F**   **C**   **D**

We're coming out of school today and we're so happy to be alive.

     C   **D**   **G** **C**   **D**

It's gonna be the best day, the best day of our lives.

Instr. 2

∣ **G**   ∣ **F**   ∣ **C**   ∣ **D**   ∣

∣ **C**   ∣ **D**   ∣ **G C** ∣ **D**   ∣

∣ **F**   ∣ **F**   ∣ **G**   ∣ **D C** ‖

           G   **D**   **C**

‖: We're coming out of school today——baby—— :‖ *Repeat to fade*

291

Silent Sunlight

Words & Music by
Cat Stevens

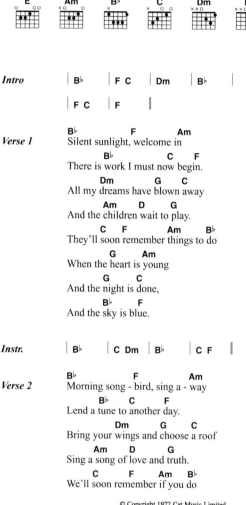

| | E | Am | B♭ | C | Dm | D | F | G |

Intro | B♭ | F C | Dm | B♭ |

| F C | F   ‖

Verse 1

B♭   F   Am
Silent sunlight, welcome in

       B♭   C   F
There is work I must now begin.

      Dm   G   C
All my dreams have blown away

        Am   D   G
And the children wait to play.

        C   F   Am   B♭
They'll soon remember things to do

        G   Am
When the heart is young

        G   C
And the night is done,

        B♭   F
And the sky is blue.

Instr. | B♭ | C Dm | B♭ | C F   ‖

Verse 2

B♭   F   Am
Morning song - bird, sing a - way

       B♭   C   F
Lend a tune to another day.

        Dm   G   C
Bring your wings and choose a roof

      Am   D   G
Sing a song of love and truth.

       C   F   Am   B♭
We'll soon remember if you do

cont.

      F   **Am**
When all things were tall

      G   **C**
And our friends were small,

      B♭   **F**
And the world was new.

Instr.

| B♭ | F C | Dm | B♭ | |

| F C | F   E ‖

| E | F   E | F   G | C   G | C G ‖

| B♭ C | Dm B♭ | F C | F | ‖

Verse 3

B♭   **Am**
Sleepy horses, heave away

     B♭   **C**   **F**
Put your backs to the golden hay.

       Dm   **G**   **C**
Don't ever look behind the work you've done

   Am   **D**   **G**
For your work has just begun.

    C   **F**   **Am** **B♭**
There'll be the evening in the end

       F   **Am**
But till that time arrives

    G   **C**
You can rest your eyes

   B♭   **F**
And begin a - gain.

Outro

| B♭ | F C | Dm | B♭ | |

| F C | Dm | B♭ | F C | |

| Dm | B♭ | F C | F | ‖

293

Sitting

Words & Music by
Cat Stevens

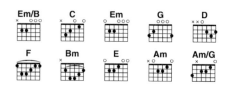

Intro

| C Em/B | Am Am/G | F Em | Am Am/G |

| F Em | Am Am/G | D F | Am |

Verse 1

C   Em/B Am   Am/G
Oh I'm on my way I know I am

F   Em   Am Am/G
Somewhere not so far from here,

F   Em Am   Am/G
All I know is all I feel right now,

          D   F   Am
I feel the power growing in my hair.

Verse 2

C   Em/B Am   Am/G
Sitting on my own, not by myself,

F   Em   Am Am/G
Everybody's here with me.

F   Em   Am   Am/G
I don't need to touch your face to know

        D   F   Am
And I don't need to use my eyes to see.

Chorus 1

Bm   E   A   D
I keep on wondering if I sleep too long,

Bm   E   A G F D A
Will I always wake up the same?

Bm   E   A   D
And I keep on wondering if I sleep too long

Bm   E   A G D F
Will I even wake up again or something.

Instr.   As Intro

      C   Em/B Am Am/G
Verse 3 Oh I'm on my way, I know I am,

       F   Em Am Am/G
      But times there were when I thought not.

      F   Em Am   Am/G
      Bleeding half my soul in bad company,

      D   F   Am
      I thank the moon I had the strength to stop.

      C   Em/B Am   Am/G
Verse 4 I'm not making love to anyone's wishes,

      F   Em Am   G
      Only for that light I see.

       F   Em   Am Am/G
      'Cause when I'm dead and lowered low in my grave

              D   F Am
      That's gonna be the only thing that's left of me.

      Bm E   A   D
Chorus 2 And if I make it to the waterside

      Bm E   A
      Will I even find me a boat?

      Bm E   A   D
      And if I make it to the waterside

      Bm   E   A
      I'll be sure to write you a note or something.

Verse 5 As Verse 1

      C   Em/B Am Am/G
Verse 6 Oh, life is like a maze of doors

           F   Em   Am Am/G
      And they all open from the side you're on.

      F   Em Am Am/G
      Just keep pushing hard boy, try as you may

          D   F   D
      You're going to wind up where you started from,

              G
      You're going to wind up where you started from.

Outro As Intro

Smash Your Heart

Words & Music by
Cat Stevens

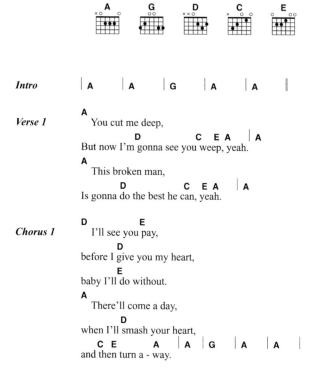

| | A | G | D | C | E |

Intro | A | A | G | A | A   ‖

Verse 1
     A
   You cut me deep,
         D   C E A | A
But now I'm gonna see you weep, yeah.
     A
   This broken man,
            D   C E A | A
Is gonna do the best he can, yeah.

Chorus 1
    D   E
   I'll see you pay,
    D
before I give you my heart,
    E
baby I'll do without.
    A
   There'll come a day,
        D
when I'll smash your heart,
    C E   A | A   G | A | A |
and then turn a - way.

Verse 2

      A   **D**
You played with me like a toy,

              C E A | **A**
And a little bab - y.

      A
After I broke,

            D   **C E A** | **A**
you just didn't want to know, yeah.

Chorus 2   As Chorus 1

Verse 3

      A
My time will come,

             D   **C E A** | **A**
And you'll know when it's be - gun, yeah.

      A
You'll know because,

             D   **C E A** | **A**
You're gonna be just where I was, yeah.

Chorus 3   As Chorus 1

Outro | **A**   ‖

Tea For The Tillerman

Words & Music by
Cat Stevens

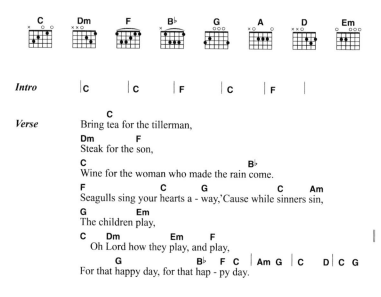

Intro | C | C | F | C | F |

Verse

       C
Bring tea for the tillerman,

Dm   **F**
Steak for the son,

C   **B♭**
Wine for the woman who made the rain come.

F   **C**   **G**   **C**   **Am**
Seagulls sing your hearts a - way,'Cause while sinners sin,

G   **Em**
The children play,

C   **Dm**   **Em**   **F**
   Oh Lord how they play, and play,

       G   **B♭** **F C** | **Am G** | **C**   **D** | **C G**
For that happy day, for that hap - py day.

Time

Words & Music by
Cat Stevens

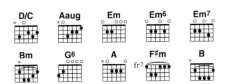

Intro   Em⁶ Em⁷   *(Ad lib.)*

Verse 1

|Em   Em⁶
Time rise,

Em⁷ Em⁶
Time falls,

Em⁷   Em⁶
Time leaves you nothing,

        Em
Nothing at all,

Em   Em⁷ Em⁶
Words, just words, don't know.

          A
Words take you nowhere,

          Em⁶
Nowhere to   go,

Em
To go.

Outro

A   D   D/C   │ G⁶/B   │ A   │
Back,— I'm going back—

F♯m   Bm A   G   Aaug
Ooh, ooh, ooh, ooh, ooh— ooh— I'm going back.

© Copyright 1970 Cat Music Limited.
All Rights Reserved. International Copyright Secured.

299

Sweet Jamaica

Words & Music by
Cat Stevens

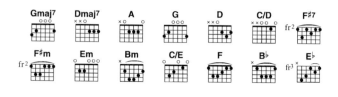

Intro

| Gmaj7 | Dmaj7 | Gmaj7 | Dmaj7 |

| Gmaj7 | Dmaj7 | Gmaj7 | Dmaj7 ‖

| G D | G D ‖

| Gmaj7 | Dmaj7 | Gmaj7 | A |

| Gmaj7 | Dmaj7 ‖

| Gmaj7 | A F♯7 ‖

Verse 1

Bm   F♯m
Other people come and go
Bm   A   G
 They try to make it thr - ough
A   G A
I have to smile and tell them no
D   Gmaj7
 'Cause I only care for you,
Dmaj7   Gmaj7 Dmaj7
 I only care for you.

Chorus 1

      Gmaj7   Dmaj7
Yes, you are my sweet, sweet Jamaica
      Gmaj7   Dmaj7
Country mama, brown country girl,
        C/D   G
When you touch me I, I feel so tall,

cont.

        Bm   **A**
If you let me down boy I'd be so small

            Gmaj⁷   **Dmaj⁷**
Yes, you are my sweet Jamaica

            Gmaj⁷   **F♯7**
Country mama, brown country girl.

Verse 2

Bm   **F♯m**
Everybody needs a friend

Bm   **F♯m**   **A** **G**
To brighten up their world

A   **G**
I know you'll never let me down,

D   **G D**
'Cause you're not that kind of girl, no, no, no.

| **D** **G** | **D** **G** | **D** **G** | **D** **G** |

Instr.

| **Gmaj⁷** | **Dmaj⁷** | **Gmaj⁷** | **Dmaj⁷** |

| **C/D** | **G** | **Bm** | **F♯7** |

| **F** | **C** | **F** | **C F C** |

Bridge

C/E F   **C/E**   **F**   **F**   **C/E F C/E**
   I want to see you round every turn

C/E   **F**   **C/E F F** **C/E**   **F C/E**
You're my world as far as I'm concerned

C/E   **F**   **C/E**   **F**
Got no time to runabout

     E♭   **B♭**   **Gmaj⁷**   **Dmaj⁷**
Just want to spend my life out with you, only you.

| **Gmaj⁷** | **Dmaj⁷** | **Gmaj⁷** | **Dmaj⁷** |

Chorus 2

                  Dmaj⁷ A
Yes, you are my sweet, sweet Jamaica

            Dmaj⁷   **A**
Country mama, brown country girl,

            Dmaj⁷   **A**
Yes, you are my sweet, sweet Jamaica

            Dmaj⁷   **A** | **G D G** | **D** ‖
Country mama, brown country girl.

Sweet Scarlet

Words & Music by
Cat Stevens

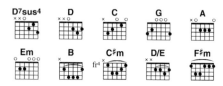

Capo third fret

Verse 1

D   D7sus4 Em   A
Once she came in - to my room, feathered hat and all,

Em   A   D   A   D
Wearing a warm wool shawl wrapped a - round her should - ers.

Em   A   Em   A   Bm7
Two eyes like lights, milky marble whites looking up at me,

          Em   A
          looking for a way.

Em   A   D   D7sus4
Moons in an endless day. And all I knew was with her then,

Em   A   Em   A
No, couldn't see the time, as we drank down the wine

              D   A   D
          to the last sweet scar - let.

Verse 2

E   D/E   F#m   B
How was I to wonder why, or even question this?

F#m   B   E   D   E
Underneath her kiss, I was so un - guard - ed.

A   B   E   C#m
Every bottle's empty now, and all those dreams are gone,

F#m   B   Em A7 D | D7sus4 | Em   A | Em | A ‖
Ah, but the song carries on so ho - ly.

Verse 3

D   D7sus4   Em   A   Em   A
She was so much younger then, wild like the wind, a gypsy with a grin,

           D   A   D   Em   A
From an old far away coun - try, but deep beneath her curls

Em   A   Bm
Be - neath this misty pearl, there was more to see.

E   D/E   F♯m   B
She could move mountains in the dark, as silent as a knife,

   F♯m   B   E   D/E   E
She cut loose a life that she never, never really wan - ted.

A   B   E   C♯m
All those days are frozen now, and all those scars are gone,

     F♯m   B   Em A7 Em G
     ah, but the song carries on so ho - ly.

Instr. |Em G | C Bm | Em D | Bm F♯ | F♯7 Bm | F♯ |Bm |Em Bm F♯ |

                |F♯7 Bm|Em |Bm F♯ | B Em B7 |

Verse 4

E   D/E   F♯m   B
Come let us drink again, be - fore the second show,

   F♯m   B   E   D/E   E
I want you so to know, there's no bridge be - tween us.

A   B   E   C♯m
All those gates have opened now, and through the light has shone,

F♯m   B   Em A7 D |D7sus4
Ah, but the song carries on so ho - ly.

|Em |A |Em |A |D   ‖

There Is Peace

Words & Music by
Yusuf Islam

C(add#11) D(add#11) Am G/D D Gsus4 G

C/G C(add9) C Bm D/F# F% Fmaj13

Intro

| C(add#11) | C(add#11) $\frac{2}{4}$ | C(add#11) $\frac{4}{4}$ | C(add#11) |

| C(add#11) | D(add#11) | D(add#11) | Am ‖

Verse 1

G/D D Gsus4 G D   G   Gsus4
There is peace,   you can taste it if you try.

        D   G   C/G   D
Can em - brace it if you try.

        C(add9) D   G   C(add9)
There is love.   You can live it if try

        D   G   C   D
You can give it if you try.

        Am   D   G   C
People walk this earth, people rush a - round

        Bm   Am   G   D/F#
But there is no rest   till their hearts bow down.

D   C(add9) D   G   C(add9)
  There is a dream.   You can reach it if you try.

        D   G   C   D │ D ‖
You can make it if you try.

Link 1

| F% | F% | F% | F% |

| D | D | D $\frac{5}{4}$ | D ‖

Verse 2

(D)   Gsus⁴ G D   G   Gsus⁴

There is a God,   you can know Him if you try.

           D   G   C/G   D

You can ap - proach Him if you try.

          C(add⁹) D   G   C(add⁹)

There are angels.   They are with you day and night.

        D   G   C   D

You can know them if you try.

     Am   D   G   C

I have searched this world, I have seen the signs.

   Bm   Am   G D/F♯

But I will not rest till I passed the line.

D   C(add⁹) D   G   C(add⁹)

  There is heaven.   You can know it if you try

        D   G   C   D

You can go there if you try.

    G   C   D   Fmaj¹³

And if God wills it, it will be.

Tuesday's Dead

Words & Music by
Cat Stevens

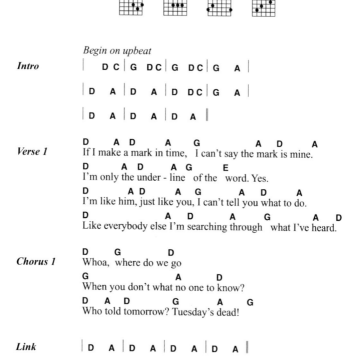

Begin on upbeat

Intro

| | D C | G D C | G D C | G   A | |
| | D   A | D   A | D D C | G   A | |
| | D   A | D   A | D   A ‖

Verse 1

D   A D   A   G   A D   A
If I make a mark in time,   I can't say the mark is mine.

D   A D   A G   E
I'm only the under - line   of the   word. Yes.

D   A D   A G   A   D   A
I'm like him, just like you, I can't tell you what to do.

D   A   D   A   G   A D
Like everybody else I'm searching through   what I've heard.

Chorus 1

D   G   D
Whoa, where do we go

G   A   D
When you don't what no one to know?

D A D   G   A   G
Who told tomorrow? Tuesday's dead!

Link

| | D   A | D   A | D   A | D   A ‖

Verse 2

  D   A D   A G
Oh preacher, won't you paint my dream,

    A D
    won't you show me where you've been?

D   A D A G   E
Show me what I haven't seen to ease my mind,

D   A D   A G A D   A
'Cause I will learn to understand, if I have a helping hand.

D   A D   G D   A   D
I wouldn't make another demand all my life.

Chorus 2   As Chorus 1

Instr. | G | C | G | C |

      | G | C | G | C |

      | G | C | G | C |

      | G | C | G | A |

      | D A | D A ||

Verse 3

D   A D   A G   D
What's my sex? What's my name? All in all it's all the same.

D   A D   G E   A
Everybody plays a different game, that is all.

D   A D   A G   D
Now man may live, man may die searching for the question why.

  D   A D   A G D A D
But if he tries to rule the sky he must fall.

Chorus 3   As Chorus 1

Verse 4

    D   A D   A   G   A D   A
Now every second on the nose, the humdrum of the city grows.

    D   A D   A   G   A
Reaching out beyond the throws of our time.

    D   A D   A G   A D   A
We must try to shake it down. Do our best to break the ground.

    D   A D   A   G   A
Try to turn the world around one more time.

    D   D   A G   A D
We must try to shake it down. Do our best to break the ground.

    D   A D   A   G   A D
Try to turn the world around one more time.

Chorus 4   As Chorus 1

Instr. 2

G	C	G	C	
G	C	G	C	
G	C	G	C	
G	C	G	A	
D A	D A	D A	D A	
D A	D A	D A	D A	
D A	D A	G A	D A	D

308

Two Fine People

Words & Music by
Cat Stevens

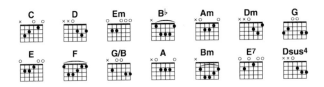

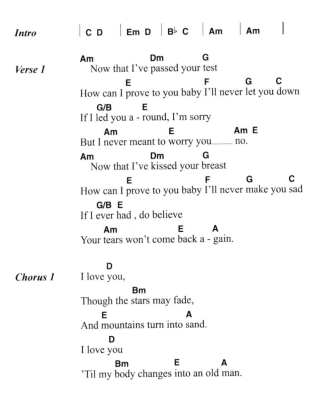

Intro | C D | Em D | B♭ C | Am | Am ‖

Verse 1

  Am   Dm   G
  Now that I've passed your test

        E   F   G   C
How can I prove to you baby I'll never let you down

  G/B   E
If I led you a - round, I'm sorry

    Am   E   Am E
But I never meant to worry you____ no.

Am   Dm   G
  Now that I've kissed your breast

        E   F   G   C
How can I prove to you baby I'll never make you sad

  G/B E
If I ever had , do believe

    Am   E   A
Your tears won't come back a - gain.

Chorus 1

       D
I love you,

          Bm
Though the stars may fade,

   E   A
And mountains turn into sand.

       D
I love you

       Bm   E   A
'Til my body changes into an old man.

cont.

      D
I love you,

      B   **E**   **F**   **G** **E A C D** | **E7** ‖
And the song that I sing is the only wa - ay that I can ex - plain.

Verse 1

Am   **Dm G**
  La la la la la la

      E   **F**   **G**   **C**
You know I wish for you baby nothing but good times a - head,
G   **E**   **Am**   **E**   **Am**
Anything that heaven can give you, I can give you in - stead.
Am   **Dm G**
  La la la la la la

      E   **F**   **G**   **C**
How could I lie to you baby, I'll never lead you a - round,
G   **E**
I'll take care of everything you need, darling
Am   **E**   **A**
Every little need'll be found.

Chorus 2

      D
I love you.

      Bm   **E**   **A**
Though the time may change and snowmen sleep in the sea,
D   **Bm**   **E**   **A**
  And I really only want you to want me.

      D
I love yo - o - o - ou.

      B   **E**   **F**   **G**
And the song that I sing is the only wa - ay
      E A C D **E7** | **Am** | **E7** ‖
  that I can ex - plain.

Verse 3

Em   **A7**   **D**
  Now that you've shown your heart
  B7   **C**   **D**   **G**
I'll be right with you baby, I'll never leave you a - lone
  D   **B7**
Any - where you want me to be honey,
Em   **B7**   **Am**
I'll be there to have and to hold.
      Dm   **G**
And now that the clouds roll back,

cont.

    E   **F**   **G**   **C**
Hold on to me baby, we're going never to land,

G   **E**
Flying on the power of love,

Am   **E**   **A**
Flying on the power of love.

Chorus 3

    D
I love you.

    Bm   **E**   **A**
Though time may fade and mountains turn into sand

    D
I love you,

    Bm   **E**   **A**
'Til the very same come back to the land.

        D
I love yo - o - o - o - ou,

    B   **E**   **F**   **G**
And the song that I sing is the only wa - ay

    E A C D **E⁷** | **Am** | **E⁷** ‖
that I can ex - plain.

Link | **C D** | **Em D** | **D Dsus4** | **D** ‖

Outro

  C   **D**   **Em**   **D** | **C D** | **G** ‖
‖: Two fine people should love each other,

C   **D**   **Em**
Two fine people should help

    D | **B♭ C** | **F** | **D Dsus4** | **D** :‖ *Repeat to fade*
each other.

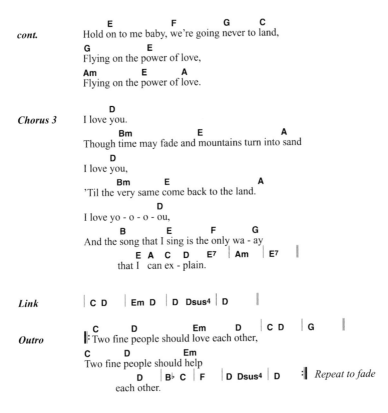

The Tramp

Words & Music by
Cat Stevens

Dsus4   D   C   G   Am7   Em   B7   E

Intro
‖: Em | D :‖
| Em | Em ‖

Verse 1
       Em   G
He sleeps alone in the damp
          Am
And rests his head upon a door
       C   E   Am
The only bed he knows is the floor,

Refrain
      Em | D | Em ‖
The Tramp

Chorus 1
G   D
Turned up collar and worn out shoes
Am   C   Dsus4   D
He doesn't care 'cause he hasn't got nothing to lose

Verse 2
As Verse 1

Refrain
      Em | D | Em ‖
The Tramp

Chorus 2
G   D
No companion to take him home
Am   C   Dsus4   D
His only friends are the kind that just leave him alone

	Am D G C Am
Middle Eight	No one knows just how lonely his life has been

	Am7 B7
	In a world that lives in a dream.

Verse 3   As Verse 1

	Em | D | Em ‖
Refrain	The Tramp

Instr.   \| G   \| D   \| Am   \| C G   \| D   ‖

Verse 4   As Verse 1

	Em
Refrain	The Tramp___ The Tramp___ The Tramp.

Trouble

Words & Music by
Cat Stevens

Capo first fret

Intro   C | F   C |

Verse 1
       F   **C**
Trouble, oh trouble set me free,
     Gm   **B♭**   **Gm**   **B♭**
    I have seen your face and it's too much, too much for me.
    F   **C**
Trouble, oh trouble can't you see
    Gm   **B♭**
You're eating my heart away
                    Gm   **B♭** | **B♭** | **G E♭ C** ‖
    and there's nothing much left of me.

Chorus 1
    D   **G F**   **C**   **F**   **C**
    I've   drunk your wine, you have made your work mine
                Gm   **B♭**
So won't you be fair, so won't you be fair
D G   **F**   **C**   **F**   **C**
I   don't want no more of you, so won't you be kind to me
              Gm   **B♭** | **B♭**   ‖
Just let me go where, I have to go there.

Verse 2

F   C
Trouble, oh trouble move away

Gm   B♭   Gm   B♭
  I have seen your face and it's too much for me today.

F   C
Trouble, oh trouble can't you see

Gm   B♭
  You have made me a wreck now,

             Gm   B♭ | B♭ | G E♭ C ‖
  won't you leave me in my misery.

Chorus 2

D   G F   C   F   C
  I've   seen your eyes, and I can see Death's disguise

             Gm   B♭
Hangin' on me, hangin' on me,

D   G F   C   F   C
I'm   beat, I'm torn, shattered and tossed and worn

             Gm   B♭ | B♭   ‖
Too shocking to see, too shocking to see.

Verse 1

F   C
Trouble, oh trouble move from me,

Gm   B♭   Gm   B♭
I have paid my debt now won't you leave me in my misery.

F   C
Trouble, oh trouble please be kind,

Gm   B♭   Gm   B♭
I don't want no fight and I haven't got a lot of time.

The View From The Top

Words & Music by
Cat Stevens

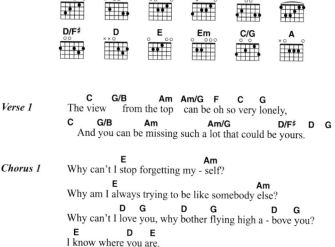

Verse 1

     C G/B   Am Am/G F C   G
The view from the top can be oh so very lonely,

  C   G/B   Am   Am/G   D/F♯ D G
  And you can be missing such a lot that could be yours.

Chorus 1

      E   Am
Why can't I stop forgetting my - self?

      E   Am
Why am I always trying to be like somebody else?

        D G   D   G   D   G
Why can't I love you, why bother flying high a - bove you?

     E   D   E
I know where you are.

Verse 2   As Verse 1

Bridge

   Am   Em
  And who's going to miss me?

     Am   D
They'll only be myself to blame.

           C G/B Am
You know I'd like to hold you tight,

      C   G/B Em
And you love all the night,

     Am F C/G G Em
But I don't even know my name.

Verse 3

              C   **G/B**   **Am**   **Am/G**
La, la, la, la, la, la, la, la, la, la, la, la, la,

   F   **C**   **G**
La, la, la,la,la,la,la, la,la,la,la

     C   **G/B**   **Am**   **Am/G**
La, la, la, la, la, la, la, la,la,la, la,

     D/F♯   **D**   **G**
La, la,la,la, la,la,la, la

Chorus 2   As Chorus 1

Verse 4

        C   **G/B**   **Am** **Am/G** **F**   **C**   **G**
The view   from the top   can be oh so very lonely,

  C   **G/B**   **Am**   **Am/G**   **Em**   **A**
And you can be missing such a lot that could be yours.

Outro

Em   **A**   **Em**   **A**
Oh ah - ah - ah,   ye - e - e - e - e - ah

Repeat to fade

Was Dog A Doughnut?

Music by
Cat Stevens, Jean Roussel & Bruce Lynch

‖: F♯ G♯7 | F♯ G♯7 | F♯ G♯7 | F♯ G♯7 :‖

Repeat throughout song

When Butterflies Leave

Words & Music by
Yusuf Islam

C(add♯11)   D(add♯11)

Intro | C(add♯11) | C(add♯11) | D(add♯11) |

Spoken
C(add♯11)
When butterflies leave their silk palaces

                                               D(add♯11)
And the scent of the garden blows towards Heaven's way

                                  C(add♯11)
Like the tolls of man who worked for tomorrow

Will not miss the dreams of yesterday.

When I Speak To The Flowers

Words & Music by
Cat Stevens

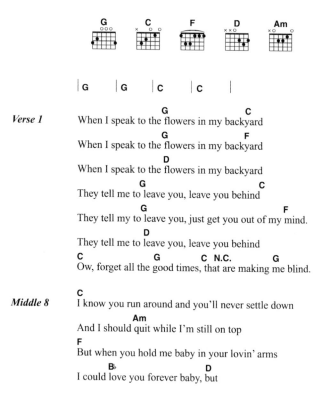

| G | | G | | C | | C | |

Verse 1

                      G   **C**
When I speak to the flowers in my backyard

                      G   **F**
When I speak to the flowers in my backyard

                      D
When I speak to the flowers in my backyard

              G   **C**
They tell me to leave you, leave you behind

              G   **F**
They tell my to leave you, just get you out of my mind.

              D
They tell me to leave you, leave you behind

C   **G**   **C** **N.C.**   **G**
Ow, forget all the good times, that are making me blind.

Middle 8

      C
I know you run around and you'll never settle down

              Am
And I should quit while I'm still on top

F
But when you hold me baby in your lovin' arms

        B♭   **D**
I could love you forever baby, but

Verse 2

                  G   **C**
When I speak to the flowers in my backyard

                  G   **F**
When I speak to the flowers in my backyard

                  D   **C**
When I speak to the flowers in my backyard

           G   **C**
They tell me to leave you, leave you behind

           G   **F**
They tell my to leave you, just get you out of my mind.

          D
They tell me to leave you, just leave you behind

C   **G**   **F**   **G**
Ow, forget all the good times, that are making me blind——

F   **G** | **F**   ‖
That are making me blind——

Where Are You

Words & Music by
Cat Stevens

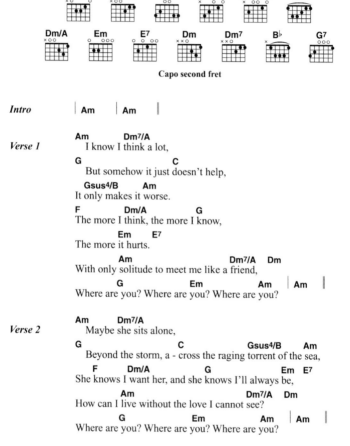

Capo second fret

Intro | Am | Am |

Verse 1

Am   Dm7/A
   I know I think a lot,

G   C
   But somehow it just doesn't help,

  Gsus4/B   Am
It only makes it worse.

F   Dm/A   G
The more I think, the more I know,

      Em   E7
The more it hurts.

      Am   Dm7/A   Dm
With only solitude to meet me like a friend,

     G   Em   Am | Am |
Where are you? Where are you? Where are you?

Verse 2

Am   Dm7/A
   Maybe she sits alone,

G   C   Gsus4/B   Am
   Beyond the storm, a - cross the raging torrent of the sea,

   F   Dm/A   G   Em E7
She knows I want her, and she knows I'll always be,

    Am   Dm7/A   Dm
How can I live without the love I cannot see?

   G   Em   Am | Am |
Where are you? Where are you? Where are you?

Instr. | Am | Dm⁷ | G | C Gsus⁴/B | Am F ‖

Bridge

   C   F
I know there's someone there,

  C   G   F C   B♭   G
I hear her breathe   behind the silence of a door,

     C   Am   F
But I know that I won't see, till we open up our eyes together,

  C   Gsus⁴/B Am   F   B   E
She'll look at   me,   what a moment that moment will be!

          G   F   E   Am
And she looks so light, I could fly her through the night,

         Dm   E⁷
Oo - oo - oo - ooh.

Verse 3

   Am   Dm⁷/A
I know I think a lot,

 G   C
But somehow it just doesn't help,

   Gsus⁴/B   Am
It only goes to show

 F   Dm   G   Em   E⁷
That what you never miss, you never know.

             Am   Dm⁷/A   Dm
But I have loved you from the moment that we knew,

        G   Em   Am
I love you, I love you, but where are you?

Where Do The Children Play?

Words & Music by
Cat Stevens

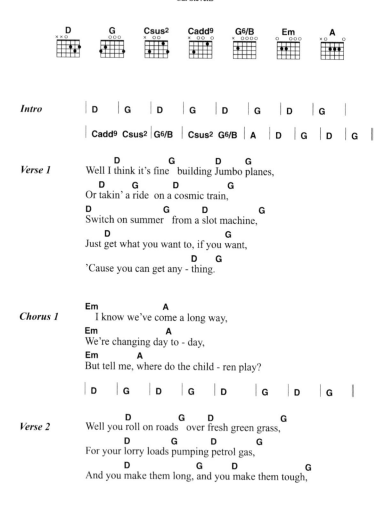

Intro

| D | G | D | G | D | G | D | G |

| Cadd9 Csus2 | G6/B | Csus2 G6/B | A | D | G | D | G ‖

Verse 1

      D   G   D   G
Well I think it's fine   building Jumbo planes,

    D   G   D   G
Or takin' a ride   on a cosmic train,

  D   G   D   G
Switch on summer   from a slot machine,

  D   G
Just get what you want to, if you want,

                   D   G
'Cause you can get any - thing.

Chorus 1

Em   A
  I know we've come a long way,

Em   A
We're changing day to - day,

Em   A
But tell me, where do the child - ren play?

| D | G | D | G | D | G | D | G ‖

Verse 2

      D   G   D   G
Well you roll on roads   over fresh green grass,

        D   G   D   G
For your lorry loads pumping petrol gas,

        D   G   D   G
And you make them long, and you make them tough,

cont.

         Csus2   **Cadd9**
Ah, but they just go on and on,

G6/B   **Csus2**   **Cadd9**   **G6/B** ‖
And it seems you can't get off.   Oh.

Chorus 2

Em   **A**
I know we've come a long way,

Em   **A**
We're changing day to - day,

Em   **A**
But tell me, where do the child - ren play?

D	G	D	G	D	G	D	G	

Csus2 Cadd9	G6/B	Csus2 G6/B	A	

D	G	D	G	D	G	D	G	‖

Verse 3

         D   **G**
Well you've cracked the sky,

      D   **G**
Scrapers fill the air,

       D   **G**
But will you keep on building higher

             D
'til there's no more room up there?

     Csus2   **G6/B**   **Csus2**   **G6/B**
Will you make us laugh,   will you make us cry,

     Csus2   **G**   **Csus2**
Will you tell us when to live, will you tell us when to die?

Chorus 3

Em   **A**
I know we've come a long way,

Em   **A**
We're changing day to - day,

Em   **A**
But tell me, where do the child - ren play?

Outro

D	G	D	G	D	G	

D	G	D	G	D	G	D	‖

Whispers From A Spiritual Garden

Words & Music by
Yusuf Islam

Em¹¹

Intro | N.C. | N.C. | N.C.   ‖

riff 1

A	B	D	E	G	D	E	A	B	D	E	A	B	G
2fr	4fr	3fr	5fr	3fr	3fr	5fr	2fr	4fr	3fr	5fr	2fr	4fr	5fr
③	③	②	②	①	②	②	③	③	②	②	③	③	④

| **Em¹¹** | **Em¹¹** | **Em¹¹** | **Em¹¹**   ‖
| *w/riff 1* | | *w/riff 1* |

(Em¹¹)w/riff 1 *(x4)*
The eternal source of love was implanted in every part of existence.

The desire for another.

Though night and day outwardly appear as enemies,

Yet both serve one purpose,

Each seeking the other.

Outro | **Em¹¹** | **Em¹¹** | **Em¹¹** | **Em¹¹**   ‖
          | *w/riff 1* | | *w/riff 1* |

Whistlestar

Words & Music by
Cat Stevens

| F♯ | B | Em⁷ | F7 | B♭ | A | D♯m | C |
| G | C/D | G/D | D | A♭ | F | F/A | E |

Intro

| F♯ | F♯ | B | B |
| F♯ | F♯ | B | B ‖
| F♯ | F♯ | B | B |
| F♯ | F♯ | B | B ‖ *(accelerating)*
| F♯ | F♯ | B | B |
| F♯ | F♯ | B | B ‖

Bridge 1

| Em⁷ | Em⁷ | F7 | F7 |
| B♭ | B♭ | B | B ‖

Figure 1

| A | A | B | B |
| A | A | B | B ‖

Main theme 1	F♯	F♯	B	B	
	F♯	F♯	B	B	‖

Bridge 2	Em7	Em7	F7	F7	
	B♭	B♭	B	B	‖

Figure 2	A	A	B	B	
	A	A	B	B	‖

Main theme 2 (variation)	F♯	F♯	B	B	
	F♯	F♯	B	B	‖
	F♯	F♯	B	B	
	F♯	F♯	E	B	‖
	F♯	F♯	B	B	
	F♯	F♯	E	B	‖

Bridge 3	F♯	F♯	D♯m	D♯m	
	E	E	E	B	‖

Main theme 3	F♯	F♯	B	B	
	F♯	F♯	B	B	
	F♯	F♯	B	B	
	F♯	F♯	E	B	‖

Bridge 4	C/D G/D	D	A♭	F	
	C/D G/D	D	B♭ F/A G	G E	
	C/D G/D	D	A♭	F	
	C/D G/D	D	B♭ F/A G	G E	
	C/D G/D	D	A♭	F	
	C/D G/D	D	B♭ F/A G	G E	
	C/D G/D	D	A♭	F	
	C/D G/D	D	B♭ F/A G	G	

Main theme 4	F♯	F♯	B	B	
	F♯	F♯	B	B	‖
	Em⁷	Em⁷	F⁷	F⁷	
	B♭	B♭	B	B	‖

| Figure 3 | A | A | B | B | |
| | A | A | B | B | ‖ |

Main theme/ figure	F♯	F♯	B	B	
	F♯	F♯	B	B	
	F♯	F♯	B	B(	
	F♯	F♯	B	B	
	F♯	F♯	B	B	
	F♯	F♯	B	B	
	F♯	F♯	B	B	‖ *To fade*

The Wind

Words & Music by
Cat Stevens

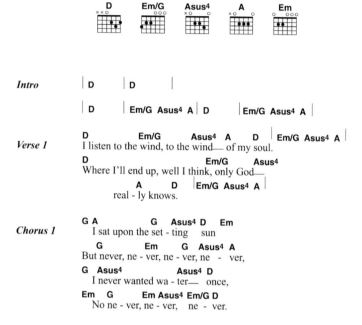

Intro

| D | | D | | |

| D | | Em/G Asus⁴ A | D | | Em/G Asus⁴ A |

Verse 1

D   Em/G   Asus⁴ A   D | Em/G Asus⁴ A |
I listen to the wind, to the wind— of my soul.

D   Em/G   Asus⁴
Where I'll end up, well I think, only God—

             A   D | Em/G Asus⁴ A |
          real - ly knows.

Chorus 1

G A   G   Asus⁴ D Em
  I sat upon the set - ting   sun

    G   Em   G Asus⁴ A
But never, ne - ver, ne - ver, ne - ver,

G Asus⁴   Asus⁴ D
  I never wanted wa - ter— once,

Em   G   Em Asus⁴ Em/G D
  No ne - ver, ne - ver, ne - ver.

Link | D | Em/G Asus⁴ A | D | Em/G Asus⁴ A |

Verse 2
D   Em/G   Asus⁴   A   D | Em/G Asus⁴ A |
I listen to my words, but they fall— far be - low.

D   Em/G
   I let my music take me where my

      Asus⁴ A   D | Em/G Asus⁴ A |
      heart   wants to go.

Chorus 2
G A   G   Asus⁴ D   Em
   I swam upon the De - vil's   Lake,

    G   Em   G   Asus⁴ A
But never, ne - ver, ne - ver, ne - ver

G   Asus⁴   G   Asus⁴ D   D/A
I'll ne - ver make the same mis - take,

Em   G   Em Asus⁴ Em/G D
   No ne - ver, ne - ver,   ne - ver.

Outro | Em/G Asus⁴ A | D | Em/G Asus⁴ A | D   ‖

Wild World

Words & Music by
Cat Stevens

Intro

Am   D/F♯   G
La la la la, la la la la la, la
             C   F
La la la la, la la la la la, la
            Dm   E   Esus4
La la la la, la la la la la, la la.

Verse 1

Am   D/F♯   G
Now that I've lost everything to you,
          C   F
You say you wanna start something new
     Dm   E
And it's breakin' my heart you're leavin',
     Esus4
Baby, I'm grievin'.
Am   D/F♯   G
But if you wanna leave, take good care,
          C   F
I hope you have a lot of nice things to wear,
      Dm   E   G   G7 G6 G
But then a lot of nice things turn bad out there.

Chorus 1

C   G   F
Oh, baby, baby, it's a wild world,
G   F   C   G
It's hard to get by just upon a smile.
C   G   F
Oh, baby, baby, it's a wild world,
G   F   C   Dm E
I'll always remember you like a child, girl.

Verse 2

    Am   D/F♯   G
    You know I've seen a lot of what the world can do

        C   F
And it's breakin' my heart in two

           Dm   E
Because I never wanna see you a sad girl,

           Esus4
Don't be a bad girl.

    Am   D/F♯   G
    But if you wanna leave, take good care,

                    C   F
I hope you make a lot of nice friends out there,

           Dm   E   G   G7 G6 G
But just remember there's a lot of bad and beware.

Chorus 2

    C   G   F
    Oh, baby, baby, it's a wild world,

    G   F   C   G
    It's hard to get by just upon a smile.

    C   G   F
    Oh, baby, baby, it's a wild world,

    G   F   C   Dm E
    I'll always remember you like a child, girl.

Solo

    │ Am   │ D/F♯   │ G   │

               C   F
La la la la, la la la la la, la

           Dm   E
La la la la, la la la la la la, la la.

Verse 3

Esus4
Baby, I love you,

Am   D/F♯   G
But if you wanna leave, take good care,

                   C   F
I hope you make a lot of nice friends out there,

        Dm   E   G   G7 G6 G
But just remember there's a lot of bad and beware.

Chorus 3

C   G   F
Oh, baby, baby, it's a wild world,

G   F   C   G
It's hard to get by just upon a smile.

C   G   F
Oh, baby, baby, it's a wild world,

G   F   C   Dm E
I'll always remember you like a child, girl.

Chorus 4

C   G   F
Oh, baby, baby, it's a wild world,

G   F   C   G
And it's hard to get by just upon a smile.

C   G   F   N.C.
Oh, baby, baby, it's a wild world,

           G   Dm   C
And I'll always remember you like a child, girl.

Also available online and from all good music shops...

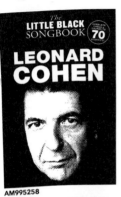

*Just visit your local music shop
and ask to see our huge range of music in print.*

www.halleonard.com

ABBA AM985600	**Eric Clapton** AM993124	**Led Zeppelin** AM996391
AC/DC AM993432	**Leonard Cohen** AM995258	**Bob Marley** AM989747
The Beach Boys AM999680	**Coldplay** AM989912	**Oasis** AM991595
David Bowie AM1003827	**Dire Straits** **And**	**Queen** HL00703200
Johnny Cash AM993135	**Mark Knopfler** DG70961	**Paul Simon** PS11671
Johnny Cash - **Best Of The** **American** **Recordings** BOE7530	**Bob Dylan** AM1007380	**Tom Waits** AM996765
	Elvis AM993113	**Paul Weller** AM996853
	Elton John AM1003794	**The Who** AM1004696

3 Chord Songs AM1009679	**More Acoustic Hits** AM993146	**Country** AM1013166
4 Chord Songs AM994565	**Acoustic Classics** AM998536	**Hit Songs** AM1002650
5 Chord Songs AM1007325	**Great Acoustic** **Songs** AM1011087	**Metal Hits** AM985820
6 Chord Songs AM1007336	**All-Time** **Greatest Hits** HLE90004563	**The Original** **Little Black** **Songbook** AM1008194
60s Hits AM996402	**All-Time Hit Songs** HLE90004552	**Pop And Rock** AM986172
80s Hits AM997458	**All-Time** **Smash Hits** AM1005719	**Rock Classics** AM1009074
90s Greatest Hits AM997469	**The Blues** AM1002331	**Rock Hits** AM985831
21st Century Hits AM1001121	**Christmas Songs** AM1001462	**Solid Gold Hits** AM1007358
Acoustic **Hit Songs** AM92107	**Classic Hits** AM1003068	**Soul** AM1007369

Chords AM1005741	**Scales** AM1005752

Acoustic Songs **For Ukulele** AM1007402	**Classic Songs** **For Ukulele** AM1006423	**Great Songs** **For Ukulele** AM1006434	**Hit Songs** **For Ukulele** AM1006445